L'islam de la liberté contre l'extrémisme et l'obscurantisme

« La liberté est le joyau et le message central de l'islam. Tout ce qui n'est pas fondé sur la liberté mais sur l'ignorance et la contrainte n'est pas l'islam.»

L'islam de la liberté
contre l'extrémisme et l'obscurantisme

Maryam Radjavi

Une sélection de cinq discours et un article

ISBN: 978-2-9554295-3-2

Publié en aout 2016 par le
Conseil national de la Résistance iranienne
15, rue des Gords - 95430 Auvers-sur-Oise - France

« *Il n'y a point de contrainte en religion.*»
(Coran)

« *Les gens sont soit tes frères en religion, soit tes semblables en création et en humanité.*»
(Ali, compagnon du Prophète)

Table des matières

Introduction

La tragédie du 13 novembre 2015 à Paris qui a fait 130 morts et des centaines de blessés dans une population sans défense, a suscité l'indignation générale, particulièrement parmi les musulmans. Ce crime innommable perpétré par des extrémistes au nom de l'islam suscite des interrogations sur les causes et les racines de ce phénomène et sa répétition en quelques semaines, du Mali aux Etats-Unis en passant par la Tunisie, amène à s'interroger sur la réponse appropriée devant ce phénomène funeste, au-delà des mesures sécuritaires évidemment très nécessaires.

Personne ne conteste l'impact des conflits au Moyen-Orient et notamment en Syrie dans l'apparition de Daech, ni les négligences de la communauté internationale à soutenir le peuple syrien avant l'apparition même de ce groupe extrémiste. Il y a également ceux qui tendent à faire l'amalgame entre l'islam et l'extrémisme, et d'autres qui réduisent la portée de la menace islamiste à un seul groupe et qui présentent le salafisme comme la principale menace, oubliant les autres manifestations de l'extrémisme au nom de l'islam. Les discordances d'intérêts derrière les apparences ont pour leur part conduit à compliquer davantage ce problème.

Le but de ce recueil n'est pas une analyse exhaustive de ce phénomène, mais plutôt de répondre aux questions soulevées une fois de plus après les attentats de mars 2016 en Belgique, de juin en Californie, du 14 juillet à Nice et l'assassinat d'un prêtre dans son église en Normandie et les attaques en Allemagne. Il s'agit d'apporter une clé au problème : ceux qui commettent ces atrocités peuvent-ils raisonnablement prétendre représenter l'islam ? La réponse est sans hésitation : non ! Une question surgit alors : quelle est donc la position de l'islam au sujet de questions essentielles telles que « la souveraineté du peuple », « le principe de la liberté » ou « le recours à la violence aveugle et au terrorisme » ?

Le présent recueil est constitué d'extraits d'interventions de Mme Maryam Radjavi, présidente-élue du Conseil national de la Résistance iranienne (CNRI), qui dirige un combat acharné pour l'instauration de la démocratie et des droits de l'Homme en Iran, parallèlement à un combat idéologique et théorique contre le fanatisme religieux incarné par les mollahs au pouvoir à Téhéran. En tant que dirigeante musulmane qui prône la séparation de la religion et de l'Etat, elle n'a cessé de dénoncer l'instrumentalisation de l'islam par la dictature religieuse en Iran et l'obscurantisme qui conduit à une interprétation superficielle et réactionnaire des enseignements du Coran et du Prophète de l'islam et à en faire une idéologie de misogynie et de terrorisme.

Elle est diamétralement opposée à la pensée khomeyniste qui règne depuis plus de trois décennies sur son pays, dans un monde où l'extrémisme religieux réserve un sort angoissant aux populations en Irak, en Syrie, au Yémen et ailleurs ; la version « sunnite » affichée par Daech ne pouvant éclipser la version « chiite » inspirée par Téhéran. A travers ses interventions, Maryam Radjavi a cherché à faire valoir l'islam authentique, celui des lumières et de la tolérance.

Il va sans dire que ces discours sont intervenus en des temps et des lieux particuliers, abordant des problèmes du moment. Ce qui distingue le contenu de ces textes, c'est qu'ils sont le fruit d'un long combat contre un régime considéré comme la première théocratie despotique de notre époque, se définissant comme « Etat islamique » depuis 1979.

Notons que les points de vue de Maryam Radjavi concernant l'égalité des femmes ont déjà été publiés dans un autre ouvrage intitulé « Les femmes contre l'intégrisme ».

Pas de contrainte en religion

Conférence :
« L'islam de tolérance et de démocratie, contre l'extrémisme
et le fanatisme au nom de l'islam »

Paris, le 3 juillet 2015

Une grande partie du Moyen-Orient est ravagé par les flammes du terrorisme et de la guerre. C'est le fléau de l'extrémisme islamiste qui a imposé la religion sous la bannière de la barbarie et de la réaction. Aujourd'hui je voudrais aborder ce sujet : l'islam est opposé à la religion obligatoire, il est opposé à toute contrainte religieuse imposée à la population et insiste sur la nécessité de la liberté.

Aujourd'hui en Iran, les mollahs au pouvoir ont enchainé le peuple en exécutant sans répit, en torturant les prisonniers politiques, en amputant les mains et les pieds, en arrachant les yeux, en jetant de l'acide sur le visage des femmes et en faisant s'abattre une pauvreté générale. Il y a cinq jours, les mollahs ont amputé des doigts, deux jeunes dans la ville de Machad. Cet acte de barbarie a choqué tout le monde. Amnesty international a dit que ce châtiment cruel traduit une attitude inhumaine. Ce pouvoir inhumain s'appelle le régime du Guide suprême. En tant qu'Etat établi, il a servi de source d'inspiration à des mouvements tels que Daech ou Boko Haram, apparus beaucoup plus tard.

Tous, quel que soit leur nom ou leurs revendications, se rejoignent dans une idéologie inhumaine et dans des préceptes communs, à savoir imposer par la force la religion, instaurer une tyrannie absolue au nom de Dieu, pratiquer le terrorisme et l'expansionnisme au nom de l'exportation d'une « révolution islamique » et du développement de la religion, éliminer, réprimer et humilier les femmes et enfin piétiner tous les principes humains et divins pour garder le pouvoir.

Ainsi donc, le « califat » islamiste instauré dans une partie de la Syrie et de l'Irak aujourd'hui, n'est que le raccourci d'un modèle plus grand instauré il y a plus de trente ans par Khomeiny en Iran sous le nom de régime du « Guide suprême ». Il y a trente ans, Khomeiny disait : « il faut chauffer à blanc (le peuple) pour corriger la société. » [1] Et aujourd'hui le mot d'ordre essentiel de Daech est que « jamais la charia ne sera appliquée sans la force des armes. »

Une arme importante des extrémistes islamistes, c'est le Takfir, jeter l'anathème sur les opposants à leur charia réactionnaire. Mais le premier inspirateur de ces anathèmes à notre époque a été Khomeiny. En 1988, avec un décret écrit de sa main, il a taxé tous les prisonniers appartenant à l'organisation des Moudjahidine du peuple d'Iran (OMPI), d' « hérétiques » en raison de leurs convictions et les a condamnés à des exécutions de masse. A la suite de cette fatwa, 30.000 détenus politiques de l'OMPI et d'autres résistants ont été massacrés.

C'est pourquoi l'extrémisme et le fanatisme au nom de l'islam ont d'abord vu le jour à notre époque avec le régime du Guide suprême en Iran avant de se développer ailleurs. L'islam dont il se réclame est une religion de contrainte, qui prive l'être humain de sa volonté. Tandis que l'islam authentique et le message coranique rejettent la religion obligatoire et la contrainte au nom de la religion.

La liberté, la véritable essence de l'islam

Alors référons-nous au Coran qui présente le message authentique de l'islam et posons-nous quelques questions : Le Coran ne dit-il pas qu'il n'y a pas de contrainte en religion ? Le message de l'islam n'est-il pas la compassion et la libération? Les sourates du Coran ne commencent-elles pas par « au nom de Dieu, Clément et Miséricordieux » ? L'islam n'est-il pas la religion de la tolérance et du pardon ? Le Prophète Mohammad dans sa conquête de La Mecque n'a-t-il a pas amnistié tous ses ennemis et à Médine n'a-t-il pas présenté une charte de la fraternité et du pluralisme ?

Oui, la liberté est l'essence authentique de l'islam. Par conséquent ce que disent les mollahs au pouvoir en Iran ou leur progéniture idéologique comme Daech et Boko Haram, est opposé à l'islam et une perversion absolue. Voyez ces versets du Coran :

« Et discute avec eux de la meilleure façon »[2]

وَجَادِلْهُم بِالَّتِي هِيَ أَحْسَن

« Ceux qui prêtent l'oreille aux Paroles, puis suivent le meilleur » [3]

الَّذِينَ يَسْتَمِعُونَ الْقَوْلَ فَيَتَّبِعُونَ أَحْسَنَهُ

« Dis : "Donnez votre preuve, si vous êtes véridiques". » [4]

قُلْ هَاتُواْ بُرْهَانَكُمْ

« Et consulte-les à propos des affaires » [5]

وشاورهم في الامر

Selon ces versets, la parole de Dieu ce n'est pas imposer et terroriser, mais écouter, débattre, argumenter et se consulter. Et ces versets sont les ordres de Dieu à son Prophète

فَذَكِّرْ إِنَّمَا أَنتَ مُذَكِّرٌ لَّسْتَ عَلَيْهِم بِمُصَيْطِرٍ

« Tu n'es que celui qui conseille et non celui qui surveille et contrôle. »

وَمَا أَرْسَلْنَاكَ إِلَّا مُبَشِّرًا وَنَذِيرًا

« Nous ne t'avons envoyé que pour apporter la Bonne nouvelle et des avertissements.»

و ما ارسلناك الا رحمه للعالمين

« Nous t'avons envoyé comme une bénédiction pour les peuples du monde.»

A travers le Coran [6] les instructions chargent le Prophète d'instaurer l'amitié et l'affection entre les cœurs, d'ôter les chaînes qui entravent les mains et les pieds et d'appeler à la tolérance et à la facilité dans le but de libérer l'être humain. Dans sa conception de l'être humain, le Coran reconnait le libre arbitre comme la principale caractéristique humaine et par conséquent conclut à sa responsabilité. [7]

Pour le Coran, l'être humain est libre et maitre de son destin.

ان الله لاَ يُغَيِّرُ مَا بِقَوْمٍ حَتَّى يُغَيِّرُواْ مَا بِأَنْفُسِهِمْ

« En vérité, Allah ne modifie point l'état d'un peuple, tant qu'il ne se change pas lui-même. » (8)

L'islam est la religion de la libre expression et de l'expression de l'opposition et de la critique vis-à-vis des dirigeants, et non un obstacle à cette expression. Le Prophète a dit à maintes reprises: « Aucune nation ne devient pure et raffinée, tant que les humbles et les déshérités ne peuvent obtenir leurs droits de ceux qui sont au pouvoir sans crainte ni balbutiement.»[9] Et l'Imam Ali dans ses années de pouvoir n'a cessé de défendre les droits de ses opposants.

Aussi je dis à mes compatriotes, en particulier à la jeunesse courageuse en Iran : opposez-vous fermement contre tout ce que les mollahs imposent sous l'étiquette de l'islam ! Le fouet en tant que punition de la non observation du jeûne au Ramadan et la répression des femmes sous prétexte qu'elles sont mal voilées, n'ont aucun rapport avec l'islam. Résistez contre ces mesures! Condamnez l'oppression et la répression de nos compatriotes sunnites et des minorités religieuses comme une hostilité contre tout le peuple d'Iran !

Tout ce qui est opposé à la liberté et au libre choix, n'a

aucune valeur aux yeux de l'islam. Ni religion obligatoire, ni culte obligatoire, ni voile obligatoire !

L'islam comme le soulignent le Coran et les enseignements du Prophète, est doué de dynamisme. Il prend toujours en compte les conditions de temps et de lieu dans ses lois. Le dynamisme du Coran qui transparait dans les versets fondamentaux appelés Mohkamat et les versets allégoriques appelés Motechabehat, est une des caractéristiques majeures de l'islam. C'est ainsi que s'opposent deux islams tout à fait contradictoires. L'islam de la liberté contre la religion de la contrainte et de la menace.

Massoud Radjavi, le dirigeant de la Résistance iranienne a déclaré à propos de ces deux islams que « l'un incarne la compassion, le pardon et l'émancipation, et l'autre le mal et la cruauté (...) l'un se base sur l'ignorance et la contrainte, l'autre sur la liberté et le libre-choix. L'un est le messager des ténèbres et l'autre le porte-étendard de la liberté, de l'unicité et de la libération. La guerre qu'ils se livrent est aussi une guerre qui décidera du destin du peuple et de l'histoire de l'Iran, un des maillons les plus importants de l'évolution de l'humanité contemporaine. » [10]

La fraternité entre sunnites et chiites

L'islam récuse toute guerre et hostilités religieuses et se pose en défenseur de la liberté, de la clémence et de la tolérance. Aujourd'hui, le régime du Guide suprême, ses milices et les autres extrémistes sauvages justifient leurs crimes au nom de l'islam et font passer leur lutte pour le pouvoir pour une guerre entre sunnites et chiites. Pendant longtemps notre région a été épargnée par ces guerres religieuses, jusqu'à l'arrivée de Khomeiny au pouvoir en Iran. Il a instauré les divisions et les guerres fratricides en poursuivant le conflit avec l'Irak et avec le mot d'ordre d' « atteindre Jérusalem en passant par Karbala » pour étendre sa domination sur la région.

En Iran, avec des arrestations, des exécutions et des destructions de mosquées sunnites, il a imposé à cette minorité deux fois plus de pressions. A la veille du Ramadan, les mollahs ont exécuté un prisonnier politique sunnite kurde, qui était aussi un champion sportif. Ces dernières années, ils ont exécuté un grand nombre de prisonniers, dont six Kurdes sunnites à la prison de Gohardacht, trois détenus politiques kurdes à Oroumieh, 34 Baloutches sunnites à Tchah- Bahar, Zahedan et Zabol [11] et ont assassiné des religieux sunnites et des civils dans la province du Sistan-Balouchistan. [12]

C'est cette politique qui est appliquée en Irak sous la forme d'épuration des sunnites et en Syrie sous la forme de massacres de la population. En Iran aussi, les Moudjahidine du peuple, chiites, qui ont dénoncé l'hypocrisie des mollahs, ont été exécuté par milliers. C'est cette politique qui aujourd'hui n'hésite devant aucune manœuvre ni aucune pression contre les résistants du camp Liberty en Irak : de la poursuite d'un blocus criminel jusqu'à l'envoi d'agents du renseignement à l'entrée du camp pour se livrer à une guerre psychologique et préparer le terrain à une autre catastrophe.

De plus, aujourd'hui, les véritables chiites se reconnaissent à l'opposition totale qu'ils livrent au régime du Guide suprême et à leur fraternité avec les sunnites. L'Imam Ali, premier imam des chiites, allait bien au-delà de la classification de chiites, de sunnites et d'autres convictions. Il disait : « les gens appartiennent à deux catégories : soit ils sont frères en religion, soit semblables en humanité. »

Aussi permettez-moi de dire aux peuples de nos pays voisins et frères, et à toutes les nations de la région que l'on peut mettre fin à la vague de sang et de feu déclenchée par les extrémistes au nom de l'islam dans vos pays. Cela passe par la solidarité avec le peuple iranien et sa Résistance et en s'opposant de toutes vos forces au régime du Guide suprême et à ses hommes de mains, comme Bachar Assad et les courants qui en Irak et au Yémen, au Liban et en Syrie se sont inféodés au Guide suprême et sont les acteurs de sa politique. [13]

Notre position et nos points de vue

En tant que femme musulmane, tout en soulignant la nécessité de la séparation de la religion et de l'Etat, et au nom d'une génération qui s'est dressée il y a cinquante ans en défense de l'islam authentique du Prophète Mohammad face au fanatisme sous couvert de l'islam, je déclare que :

1- Nous rejetons la religion obligatoire et la contrainte en religion. La tyrannie sous la bannière de l'islam, les lois de la charia des intégristes et les anathèmes contre les opposants, chiites ou sunnites, sont contraires à l'islam et aux enseignements libérateurs du Prophète Mohammad.

2- A nos yeux, l'essence de l'islam est la liberté. Une liberté vidée de toute contrainte, de toute oppression et de toute exploitation.

3- Nous prônons un islam authentique, à savoir un islam tolérant et démocratique, un islam qui défend la souveraineté populaire, un islam qui défend l'égalité des femmes et des hommes.

4- Nous rejetons les discriminations religieuses et défendons les droits des fidèles de tous les cultes et de toutes les religions.

5- Notre islam, c'est la fraternité de toutes les religions. Les guerres de religion et les divisions entre chiites et sunnites sont les fruits empoisonnés du régime du Guide suprême pour prolonger son califat anti-islamique et inhumain.

Oui, notre Dieu est le Dieu de la liberté, notre Mohammad est le Prophète de la clémence et de la libération, et notre islam est la religion du libre choix.

La liberté, la lumière divine

Conférence à l'occasion du mois de Ramadan

Paris, le 4 août 2012

La liberté, cette lumière divine, est le message de l'islam de Mohammad. Notre Prophète Mohammad lorsqu'il a été choisi, a donné un message simple et bref: « Dis : Il n'y a pas d'autre Dieu que Lui, pour être sauvé et libéré. »

C'est un message qui aujourd'hui encore s'adresse à tous. En regardant l'actualité à travers ce prisme, nous pouvons reprendre avec le Coran « Dis : toutes les dictatures seront renversées. Dis : le fascisme du Guide suprême en Iran sera vaincu. Et dis : les symboles de l'oppression et de la servitude s'effondrent et tu trouveras le salut.»

C'est ainsi qu'à l'appel de la prière de l'aube et du coucher du soleil au mois de Ramadan, et dans les mots de « *la ilaha il'Allah* » (il n'y a de dieu que Dieu), et « *Allah o Akbar* » (Dieu est grand), nous entendons la bonne nouvelle de la liberté. La bonne nouvelle de la fin des idoles et des symboles de l'emprisonnement et de la servitude, la bonne nouvelle du renversement du régime iranien du Guide suprême et la bonne nouvelle d'une société libre, juste et en paix.

Un rappel de la Révolution iranienne

Il y a 33 ans, le peuple iranien s'est soulevé pour la liberté mais s'est retrouvé face à une dictature sous le couvert de la religion. Khomeiny s'est mis à réprimer les libertés. Il a ensanglanté le printemps iranien. Il a lancé chacune de ses mesures répressives au nom de l'islam. Abuser de l'islam pour instaurer la répression et la tyrannie, voilà la plus grande trahison de Khomeiny.

Par dizaines de milliers, dans les prisons et sur le front de la guerre, les Iraniens ont été victimes des crimes de ce régime, mais le plus grand crime et la plus grande trahison de Khomeiny et des mollahs, c'est d'avoir commis tous ces crimes au nom de l'islam. Avec ses actes et ses paroles, il a donné de cette religion de l'unicité, l'image d'un instrument de la dictature la plus effroyable pour assassiner les libertés.

Cependant aujourd'hui, le monde de l'islam, des pays arabes à l'Iran, est partout en quête de liberté. Les peuples veulent se libérer, les peuples rejettent la dictature. Et tous s'interrogent sur ce que dit l'islam à propos de la liberté. Est-ce que l'islam est le moteur de la liberté ou un obstacle ? Les actions de Khomeiny, de ses héritiers et des fanatiques qui après lui ont monté en puissance dans de nombreux points du monde, quel rapport ont-elles avec l'islam ?

Je voudrais vous faire part de notre expérience en Iran, de la confrontation des Moudjahidine du peuple, musulmans iraniens, avec un régime qui se dit lui-même musulman... Au fil du temps, cette confrontation s'est accentuée et au bout de 33 ans, la principale force d'opposition de ce régime demeure toujours ces mêmes Moudjahidine du peuple. Au fait, que disent de l'islam ces Moudjahidine iraniens ? Et dès le début que disaient-ils face à Khomeiny ?

Pour résumer, je dirai que le conflit a porté sur la Liberté et qu'aujourd'hui le conflit porte toujours sur les libertés fondamentales. C'est ce qu'a dit Massoud Radjavi à Khomeiny dans sa première et dernière rencontre avec lui, en lui donnant comme argument des versets du Coran et la lettre que l'Imam Ali, le premier compagnon du Prophète, avait écrite à Malek Achtar, gouverneur d'Egypte. Khomeiny avait à l'époque été obligé de déclarer que « la liberté a la faveur de l'islam » et cela avait été repris à la une des journaux iraniens de l'époque. De ce point de vue, Khomeiny considérait les Moudjahidine du peuple comme ses pires ennemis car ils sont des défenseurs sans faille de la liberté.

L'imam Ali avait écrit à son lieutenant Malek Achtar :

اشْعِرْ قَلْبَكَ الرَّحْمَةَ لِلرَّعِيَّهِ/ وَ الْمَحَبَّةَ هُمْ/ وَ اللُّطْفَ بِهِمْ/ وَ لَا تَكُونَنَّ عَلَيْهِمْ سَبُعاً ضَارِياً تَغْتَنِمُ أَكْلَهُمْ/ فَإِنَّهُمْ صِنْفَان/ إِمَّا أَخٌ لَكَ فِي الدِّينِ/ وَ إِمَّا نَظِيرٌ لَكَ فِي الْخَلْقِ/

« Ouvre ton cœur au gens du peuple et aime-les. Préserve-toi d'être cruel avec eux, car ces gens sont soit tes frères en religion, soit tes semblables en humanité. »

Mais aux yeux de Khomeiny, pour préserver son régime sous le couvert de l'islam, la répression des opposants, la discrimination et même le mensonge et la duperie sont licites, voire indispensables.

Le seul crime de Massoud Radjavi était qu'il rejetait la dictature religieuse que Khomeiny avait instaurée sous le nom de tutelle du Guide suprême et qu'il la dénonçait à voix haute comme contraire à l'islam et à ses enseignements libérateurs. Il disait que tracer des limites, ériger des camps et imposer des discriminations entre le musulman et le non musulman dans la gestion d'un pays, est une erreur. En un mot, les Moudjahidine du peuple disaient à Khomeiny que la souveraineté appartient au peuple et non aux mollahs, que la liberté de parti et la liberté d'expression de ceux qui pensent autrement est un droit et que l'islam protège ce droit. Khomeiny disait clairement : « Si en tant que Guide suprême je dis quelque chose et que tout le peuple dit autre chose, c'est ma parole qui importe et pas celle des autres. »

L'essence de l'existence

La liberté fonde l'essence de l'existence et constitue le but ultime de la création. Le cours de l'univers a été dès le début un mouvement constant vers l'affranchissement des contraintes et des déterminismes, un mouvement perpétuel vers la liberté. Du Coran émane ce même esprit et objectif. Ainsi, lorsque l'islam parle de la liberté, d'égalité et de justice, c'est parce que ces notions découlent de l'essence même et de la philosophie profonde qui sous-tend la création. Le Coran mentionne cette notion en parlant du « Livre évident » ou de la vérité qui anime le monde. La liberté est considérée comme un trésor que Dieu a confié au genre humain. L'appel à la vertu et à la piété vise à atteindre les sommets toujours plus hauts de cette liberté. L'accomplissement et l'épanouissement de l'individu et de sa société ne se réalisent que par une marche allant toujours plus loin vers cette même liberté. Comment ? En écartant les obstacles et en brisant les chaînes des déterminismes et des aliénations qui entravent l'être humain. À la fois dans son être, dans la nature qui l'entoure et dans la société qui le porte. C'est ainsi que le salut de l'être humain prend tout son sens. Et c'est pourquoi nous pouvons affirmer que l'islam est étranger à toute velléité liberticide. En réalité il n'y a aucune religion ou conviction dans ce monde qui soit aussi étrangère et éloignée de l'islam véritable que le fanatisme islamiste.

La conscience humaine et le libre arbitre

Notre religion est celle d'un Prophète dont Dieu a dit qu'il est venu pour délivrer des chaines qui entravent le peuple [(14)] :

وَيَضَعُ عَنْهُمْ إِصْرَهُمْ وَالْأَغْلَالَ الَّتِي كَانَتْ عَلَيْهِمْ

Délivrer des chaines qui entravent le peuple, c'est le libérer des fatalités et des contraintes, c'est-à-dire le libérer de l'oppression, le libérer de toute sorte de répression et d'exploitation. En vérité, c'est la différence la plus importante qui distingue l'islam authentique de la version dogmatique de l'islam.

D'un côté un islam qui prône l'oppression et l'agression et

de l'autre un islam qui s'oppose à la tyrannie. Oui, l'islam est la religion de la liberté. Notre Dieu est celui de la liberté. Dans la connaissance unicitaire des êtres humains, une personne se reconnait à l'éveil de sa conscience et à sa liberté. L'être humain est une créature libre de ses actes, dotée de liberté et de libre choix.

Le Coran insiste sur le fait que l'être humain est en mesure de choisir sa voie [15] :

إِنَّا هَدَيْنَاهُ السَّبِيلَ إِمَّا شَاكِرًا وَإِمَّا كَفُورًا

« L'être humain est doté du pouvoir de distinguer le bien du mal. » [16] :

«فَأَلْهَمَهَا فُجُورَهَا وَ تَقْوِيهَا»

La liberté est l'essence et le message de l'islam. Ainsi ce qui n'est pas conforme à la liberté et ce qui s'appuie sur l'ignorance, la coercition et la contrainte, n'est pas l'islam. Nous disons que croire en l'islam et agir selon l'islam doivent se faire sur la base du libre choix, de la connaissance et de la liberté, et non pas de la contrainte. Aucune religion ne peut être contraignante parce que cela regarde le cœur et les convictions des gens. Chacun est libre de choisir sa religion.

Pas de contrainte en religion

La sourate Al Baqara dit لا إكراه في الدين « il n'y a pas de contrainte en religion ». Dans la sourate Youness [17], on peut lire : « et si ton Créateur l'avait voulu, toutes les créatures auraient eu la foi. Alors toi, ô Prophète, c'est avec répugnance que tu les contraints d'y adhérer ? »

Dans la sourate Houd [18], il est écrit : « Noé a dit aux siens : est-ce que je peux, tandis que vous tenez les (signes de Dieu) pour désagréables, vous y contraindre ? »

Oui, l'unicité et l'islam sont intimement liés et vont de pair avec la liberté de l'être humain et le droit de vote du peuple. Aux yeux de l'islam, tout ce qui s'oppose au libre choix et à la liberté de l'être humain, n'a pas de crédit. Pas de religion obligatoire, pas de dévotions obligatoires, pas de voile obligatoire.

L'islam est une religion de tolérance. Le Saint Coran dit qu'il n'existe pas de différence entre nos prophètes. C'est pourquoi nous considérons aussi le Christ aussi comme un prophète et la voie de Moïse n'est pas distincte de celle de Mohammad.

L'islam authentique est le défenseur du vote populaire et c'est le vote populaire qui est le fondement de la légitimité politique. Le Coran dit même au Prophète de Dieu de consulter le peuple :

وَشَاوِرْهُمْ فِي الْأَمْرِ / فَإِذَا عَزَمْتَ فَتَوَكَّلْ عَلَى اللهِ/

et Dieu dit à propos des croyants qu'ils gèrent leurs affaires en consultation :

وَالَّذِينَ اسْتَجَابُوا لِرَبِّهِمْ/ وَأَقَامُوا الصَّلَاةَ/ وَأَمْرُهُمْ شُورَى بَيْنَهُمْ/

Cela signifie que le Coran place les assemblées et le vote populaire au même rang que la prière... L'islam protège aussi la liberté d'expression et il constitue notamment un instrument d'opposition et de critique vis-à-vis des gouvernants et non un obstacle dans ce domaine. Les premiers dirigeants de l'islam discutaient même avec ceux qui ne croyaient pas en Dieu et respectaient leur droit d'expression.

Le respect du droit des opposants

Les premiers dirigeants musulmans défendaient la liberté d'expression d'autrui, notamment le droit de s'opposer à leurs gouvernements. L'intolérance vis-à-vis de l'opinion adverse est contraire à l'esprit de l'islam. Les dirigeants musulmans dialoguaient et argumentaient avec les déistes et les athéistes de leur époque et respectaient leur droit à s'exprimer.

Par ailleurs, le Prophète de l'islam a annoncé une amnistie générale pour tous ses opposants et même ses ennemis les plus farouches lorsqu'il est rentré vainqueur à La Mecque. La sourate An'am a mis en garde les fidèles et leur a « interdit d'injurier ce qu'ils vénèrent à la place de Dieu ».

L'attitude de l'Imam Ali, le premier compagnon du Prophète, vis-à-vis des opposants est également un enseignement. Les Khawaridj étaient un groupe viscéralement opposé au gouvernement d'Ali et les troubles provoqués par ces derniers avaient sérieusement entravé son action. A tel point que ses compagnons ont proposé de les arrêter. Mais l'Imam Ali s'est opposé à ce qu'on les prive de liberté. Au contraire, il a ordonné qu'on leur verse le salaire qui leur était dû par le trésor public. Quant aux opposants qui lui avaient déclaré la guerre, Ali s'est également refusé de les taxer d'apostasie ou de trahison.

Dans une lettre de mission écrite à Malek Achtar, son lieutenant, l'Imam Ali parle en ces termes de la liberté de parole : « Il faut auprès de toi des ministres que tu auras choisis parmi ceux qui te parleront de la manière la plus amère et qui admireront le moins tes paroles et tes actes. Dieu ne désire pas ça pour ceux qu'il aime (…) Consacre une part de ton temps aux nécessiteux et fais-les comparaitre dans une assemblée publique. Sois humble devant eux et fais sortir les soldats, les courtisans et les militaires pour qu'ils puissent parler sans crainte et sans inquiétude (…) J'ai entendu à plusieurs reprise le Messager de Dieu dire que : jamais un peuple ne sera vertueux à moins qu'en son sein, les plus faibles soient capables de réclamer leurs droits aux plus puissants sans hésitation, sans crainte et sans inquiétude. » [19]

Voici tout l'enjeu : laissez le peuple s'exprimer sans peur ni inquiétude. Laisser les opprimés dire ce qu'ils ont sur le cœur. Laissez parler les démunis et les asservis.

Deux islams contradictoires

L'islam qui irrigue la persévérance de notre mouvement face à une des dictatures les plus cruelles d'aujourd'hui, prend sa source dans la liberté. C'est ainsi que dans l'histoire contemporaine de l'Iran deux islams antagonistes et hostiles forment deux camps opposés. D'un côté l'islam fourbe, hypocrite, l'islam réactionnaire, l'islam adepte de l'oppression, de la tyrannie et de l'exploitation.

De l'autre côté, un islam de vérité et d'unité, un islam de compassion et de libération, et un islam dont le message est la liberté. Face au principe réactionnaire de la tutelle du Guide suprême, nous prenons la défense de l'islam démocratique où la souveraineté populaire est le plus grand droit reconnu du peuple.

Face au bellicisme et à l'exportation du terrorisme et de l'intégrisme sous le couvert de l'islam, nous suivons un islam qui avant toute chose annonce la paix, l'amitié et la fraternité entre les nations. Face à la misogynie des mollahs, nous défendons un islam qui prône l'égalité des femmes et des hommes, un islam qui s'appuie sur l'égalité et l'émancipation des femmes. Aujourd'hui les mille femmes d'Achraf [20] sont la plus belle incarnation de cette conviction.

Face à la discrimination et l'oppression religieuse, nous prenons la défense du principe de la liberté des cultes. Il y a 27 ans, c'est le Conseil national de la Résistance iranienne qui a présenté le plan de séparation de la religion et de l'Etat.

Et face à la charia des mollahs qui applique des lois et des décrets datant de 1400 ans, nous croyons dans le dynamisme du Coran et de l'islam. Les versets du Coran rejettent les dogmes invariables concernant la vie sociale et économique. Et à la place, il promeut une méthode pour comprendre et mettre en pratique le Coran. L'ijtihad ou l'interprétation des textes sert à mettre en pratique les principes et les fondements du Coran sur la base des conditions économiques, sociales et politiques du temps présent, comme l'explique le Coran. Et il va jusqu'à dire clairement que certains versets, même à l'époque du Prophète, rendaient caduques d'autres versets révélés dans des conditions différentes.

Quel que soit l'angle sous lequel vous les regardez, ce sont deux islams totalement différents qui s'affrontent. Le caractère sacré de l'islam et son message de miséricorde, est le respect des droits humains, un message d'amnistie et d'ouverture et enfin de respect des libertés individuelles et collectives. C'est pourquoi je l'ai souligné à maintes reprises et je le répète encore : le but de ce mouvement n'est pas et n'a jamais été de s'emparer du pouvoir à n'importe quel prix. Notre but est de garantir la liberté et la démocratie à n'importe quel prix.

L'islam défend la souveraineté du peuple

Conférence :
« L'islam défend la souveraineté populaire et s'oppose à la dictature et au fanatisme »

Le 4 septembre 2010

L e mois de Ramadan est un mois de piété, un mois où l'essence de l'être humain doit s'élever, où les cœurs doivent se rapprocher et la fraternité, oubliée dans nos sociétés d'aujourd'hui, doit se retrouver. Mais en cette période de bonté et de générosité, votre présence honorable ici m'offre une occasion précieuse de vous parler, au nom de millions de mes compatriotes qui se sont révoltés en été 2009, d'une grande injustice que le pouvoir cruel des mollahs exerce sur mon peuple et ma religion au nom du régime du Guide suprême.

J'espère que ces propos feront entendre l'appel à la justice de millions d'Iraniens insurgés qui scandaient « A bas le principe du Guide suprême ». Pourquoi ce slogan est devenu la clé de l'insurrection en Iran ? Parce qu'il y a trente-deux ans, quand Khomeiny est revenu en Iran, sa plus grande trahison a été d'imposer au peuple iranien le régime du Guide suprême.

Le peuple écrasé sous la tutelle du Guide suprême

A Paris, fin 1978, Khomeiny disait : je ne suis qu'un étudiant en théologie, je rentrerai à Qom et je laisserai le pouvoir aux politiciens. Mais dans les faits, de retour à Téhéran, non seulement il a accaparé le pouvoir, mais il a aussi jeté aux oubliettes le projet de Constitution pour l'Iran et a refusé de former l'Assemblée constituante qu'il avait promise pour instaurer à sa place, l' « Assemblée des experts » avec des mollahs à sa solde dans le but d'imposer la Constitution du Guide suprême.

Les Moudjahidine du peuple d'Iran, le mouvement le plus étendu et le plus organisé du pays, ont alors officiellement annoncé qu'ils ne voteraient pas cette Constitution en raison du principe du « Guide suprême » qui y figure, car pour eux la souveraineté appartient au peuple et n'est issue que du suffrage universel. Aux yeux de Khomeiny, il s'agissait là du plus grand crime des Moudjahidine du peuple et cela reste la raison principale de leur répression et de leur massacre jusqu'à nos jours.

Aujourd'hui après une expérience sanglante et tragique de plus de trente ans, mon propos ne se limite pas à réfuter un postulat sans fondement. Je voudrais insister sur le fait que de nos jours, pour le peuple iranien, pour ceux qui se sont révoltés, le régime du Guide suprême signifie trente ans de despotisme de Khomeiny et de Khamenei ! Le monde a pu voir les Iraniens, les étudiants et les jeunes déchirer les photos de Khomeiny et de Khamenei à l'université de Téhéran durant la révolte et piétiner leurs portraits géants.

Oui, le régime du Guide suprême signifie une terrible injustice qui a jeté l'énorme potentiel naturel de l'Iran dans la fournaise de la guerre, de la répression et des politiques dévastatrices. Ce phénomène a contraint à l'exil les savants et les experts, a entraîné plus de 50% de la population sous le seuil de pauvreté alors que l'Iran flotte sur un océan de pétrole et de gaz. De nombreux Iraniens se voient obligés de vendre un rein pour nourrir leurs enfants ou payer leur loyer.

Lors du récent meeting de Taverny [21], j'ai entendu mon frère Sid Ahmed Ghozali, ancien Premier ministre d'Algérie, dire à l'intention des dirigeants des pays arabes et musulmans : « sachez qu'aucun pouvoir au monde n'a autant assassiné de musulmans et avec autant de cruauté que le régime iranien. »

Oui le régime du Guide suprême signifie une dictature déchaînée qui au XXIe siècle condamne à mort sous l'accusation de « Mohareb » (ennemi de Dieu) ceux qui ont simplement participé à une manifestation, lu un journal de l'OMPI, ou qui ont un parent à Achraf, la cité de la Résistance. Ce pouvoir n'a pas hésité à torturer, violer et assassiner des jeunes manifestants au camp de la mort de Kahrizak (au sud de Téhéran). Le régime du Guide suprême signifie le terrorisme d'Etat qui au XXe siècle a lancé des fatwas de mort contre des écrivains, des intellectuels et des religieux chrétiens, comme le pasteur Hovsepian Mehr, et qui ne répond de ces crimes devant aucune autorité.

Le régime du Guide suprême signifie lancer des fatwas pour exécuter 30.000 prisonniers politiques dont beaucoup avaient déjà purgé leurs peines et attendaient d'être libérés. Ils ont été pendus en 1988, sur décret manuscrit de Khomeiny, outrepassant toute mesure judiciaire, dans les prisons de Téhéran et de province. Khamenei et l'ensemble des dignitaires et autorités actuels du régime sont impliqués dans cet horrible massacre et n'ont révélé aucun chiffre sur ce crime contre l'Humanité.

Le régime du Guide suprême signifie exporter l'extrémisme au nom de l'islam et entrainer les pays de la région dans une tornade de terrorisme et de bains de sang. Le régime du Guide suprême signifie le programme funeste de fabrication de la bombe atomique. Oui, le régime du Guide suprême signifie l'hypocrisie qui commet tous ces bains de sang, toute cette corruption, toutes ces destructions au nom de la religion en détruisant l'image de l'islam.

En vérité quelle conscience et quel musulman croyant ne se sentent pas blessés par autant d'injustice et de déformation faite à l'encontre de l'islam et du Coran, pour dénoncer et lutter contre ces menteurs et ces hypocrites ?

La théorie du régime du Guide suprême

Le régime du Guide suprême, qui auprès des oulémas chiites comme sunnites est une théorie isolée et réfutée, a été introduit par Khomeiny. Il a introduit cette théorie dans les années 1960 pendant ses cours séminaire de Najaf (en Irak) et l'a publiée dans un ouvrage intitulé « l'Etat islamique »[22]. Se basant sur les préceptes réactionnaires et archaïques sous le nom de la charia, pétri de misogynie et de mépris pour les droits humains, Khomeiny a cherché à théoriser la nécessité d'octroyer aux mollahs le monopole des pouvoirs politiques et religieux. Dans son ouvrage, Khomeiny a dès lors dévoilé le caractère dépassé et hautement autoritaire du pouvoir qu'il envisageait pour l'Iran, le comparant à « l'autorité appliquée aux mineurs ». [23]

Les argumentaires souvent superficiels de Khomeiny dans son livre pour défendre la thèse du « pouvoir du Guide suprême » n'étaient pas fondés sur des justifications religieuses solides. Ils visaient plutôt à préparer le terrain sur le plan théorique dans le but d'accéder au pouvoir[24]. Avant d'y accéder, le « velayat-e-Faghih » ou régime du Guide suprême » a été récusé par la quasi-totalité des oulémas chiites, même si après la prise du pouvoir par Khomeiny, certains l'ont suivi par pur opportunisme.

Si nous traduisons approximativement le terme de « velayat » par souveraineté, cette théorie prétend que la souveraineté est un droit que Dieu a légué à un mollah. Ce principe est contraire à l'esprit véritable de l'islam et des enseignements du Prophète et de ses compagnons, mais pour en saisir le contenu, il convient de jeter un regard sur sa pratique durant les trois dernières décennies en Iran.

Ce système, fondé sur la monopolisation du pouvoir aux mains du Guide suprême, n'est comparable à aucune autre théocratie. Selon ce principe, la Constitution et les autres législations lèguent au Guide suprême religieux tous les pouvoirs, législatif, exécutif et judiciaire, les forces armées, les services de renseignements et de sécurité, la police et les fondations économiques les plus importantes qui contrôlent l'économie du pays, ainsi que le contrôle politique et idéologique des universités et de la fonction publique. Et ce dernier est déchargé de rendre des comptes à une quelconque autorité. Mais Khomeiny ne s'est pas contenté de ça et a ajouté : « la Constitution n'a pas retenu l'ensemble des domaines du régime du Guide suprême, mais seulement certains. »[25] Plus tard en révisant la Constitution, il modifiera le terme de « régime du Guide suprême» en lui ajoutant le mot absolu, ce qui signifie le pouvoir absolu.[26]

Un de ses théoriciens, le mollah Azari-Ghomi écrivait en 1988 : « le Velayat-e-Faghih est une souveraineté religieuse et légale. C'est une souveraineté sur le monde et tout ce qui existe dans le monde – sur tous les êtres terrestres et célestes, toute existence minérale, végétale ou animale et sur tout ce qui se rapporte à la vie individuelle et sociale des humains, et tous les domaines qui se rapportent à l'être humain, à ses attachements et à ses biens. Elle concerne également le culte de Dieu dans tous les domaines, spirituel, politique, social, familial, rituel ainsi que les choses permises et interdites.»[27] « Durant son règne, le Guide peut, selon son jugement, décider d'empêcher temporairement la prière, le jeûne, le pèlerinage (...) de détruire la maison du fidèle, le contraindre à divorcer son épouse. » [28]

Un système qui ne reconnait pas la moindre légitimité au suffrage universel et soutient tirer sa légitimité de la révélation. Les mollahs ne considèrent pas le peuple digne de légiférer. Il est notoire que l'actuel Guide suprême du régime Ali Khamenei a dit : « De quel droit la majorité du peuple voudrait approuver et rendre obligatoire la Constitution ? ».

Un système qui ne reconnaît qu'un seul principe sacré : préserver le pouvoir à n'importe quel prix. C'est pourquoi ils s'autorisent tous les crimes, toutes les ruses et tous les délits. Khomeiny a personnellement justifié la violation des principes, des traditions et des engagements. En 1988, dans une lettre au président du régime iranien, Khomeiny écrivait : « Le Guide suprême peut annuler unilatéralement les accords conformes à la religion qu'il a passés avec le peuple, quand ces accords deviennent contraires aux intérêts de l'Etat et de l'islam. Le Guide suprême peut empêcher tout phénomène religieux ou non religieux qui serait contraire aux intérêts de l'islam. Le pouvoir est une émanation du pouvoir absolu du Guide suprême et prime sur tous les préceptes secondaires même la prière, le jeûne et le pèlerinage. »[29]

Comme vous pouvez le constater, le conflit ne porte pas sur l'application de l'islam, ni sur les préceptes de la religion, ni même sur ce qui est permis ou interdit en religion, mais sur une soif de pouvoir qui touche à la folie. C'est ainsi que ces dirigeants ont exécuté 120.000 prisonniers politiques, ont commis des assassinats en série d'intellectuels et d'écrivains, institué le viol systématique dans les prisons, pris des otages et commis des attentats meurtriers, y compris aux Lieux Saints de La Mecque.

La manifestation de la nature du principe du « Guide suprême » est clairement visible dans ces citations. Tandis qu'avant d'arriver au pouvoir, Khomeiny avait formulé le principe du Guide suprême dans le seul but d'appliquer la charia, dès qu'il accède au pouvoir il ne cherchera qu'à le préserver par tous les moyens allant jusqu'à violer les principes moraux, humains et religieux. Dans ses discours, Khomeiny a ouvertement déclaré que pour préserver l'islam (lire « le pouvoir »), le mensonge et la délation et même la consommation d'alcool peuvent devenir une nécessité[30]. On constate donc que l'enjeu n'est pas l'islam mais le pouvoir. Le Coran donne la meilleure description de cette clique : « Il y a parmi les gens, celui dont la parole sur la vie présente te plaît et qui prend

Allah à témoin de ce qu'il a dans le coeur, alors que c'est le plus acharné disputeur. Dès qu'il tourne le dos, il parcourt la terre pour y semer le désordre et saccager culture et bétail. Et Allah n'aime pas le désordre. »[31]

L'islam et la souveraineté populaire

Or, l'islam reconnait la souveraineté comme le droit le plus naturel et le plus essentiel du peuple et respecte profondément les droits issus de cette souveraineté. Le Coran dit clairement que Dieu a fait de l'être humain son successeur sur Terre.[32] La sourate Al-Qassas souligne : « Nous voulons favoriser ceux qui avaient été affaiblis sur Terre et en faire des dirigeants et en faire les héritiers ».[33]

Comment peut-on tirer un tel despotisme et obscurantisme d'une philosophie aussi élevée ? La philosophie qui nomme le Prophète de l'islam « *le dernier des prophètes* » porte un message éternel. L'évolution de l'Humanité à travers l'Histoire, a atteint un tel degré de maturité qu'elle doit prendre en main son destin, sans attendre de recevoir l'orientation d'autres Messagers de Dieu. Cette philosophie est aux antipodes de tous les mensonges que Khomeiny et ses pendants dans les autres branches de l'islam avancent au sujet du « régime du Guide suprême » et « l'Etat islamique », se considérant comme les « tuteurs » du peuple.

Au cœur de la souveraineté de la nation, il y a la liberté et l'égalité, notions qui fondent l'essence du message de l'islam. La question de la liberté de l'être humain trace la ligne de démarcation entre l'islam démocratique et les interprétations réactionnaires qui en sont faites. Le premier considère l'être humain comme un être conscient doté du libre arbitre. Il est par conséquent responsable de ses actes, desquels il devra répondre au Jour Dernier. Sinon, comment expliquer la responsabilité de l'être humain sans la liberté de choix. Selon l'islam, tous les êtres humains sont égaux sans considération d'origine ou de sexe. Le marqueur fondamental réside dans la qualité humaine et la bonne action.

Ainsi, contrairement à la conception des intégristes et de leurs systèmes basés sur la négation de la liberté et de l'égalité, le véritable islam insiste sur la souveraineté du peuple fondé sur la liberté, l'égalité et la négation de toute discrimination religieuse ou sexuelle. Comme on peut le constater, la souveraineté populaire est un droit inaliénable dans l'islam. Un droit que l'on ne peut retirer et ni subordonner. Du point de vue des musulmans authentiques la volonté de Dieu dans le domaine social est incarnée dans l'Histoire par la souveraineté des peuples.

L'islam et l'égalité

Dans la sourate Al-Hujurat, le Coran insiste sur le fait que les distinctions basées sur le sexe, la race ou la condition sociale ne sont pas légitimes, seule la « vertu » compte aux yeux de Dieu. Le Prophète Mohammad a personnellement énoncé le principe d' « égalité » entre les êtres humains. Le jour de la conquête de La Mecque, qui était à l'époque l'épicentre des complots contre le Prophète, ce dernier a déclaré à l'intention de ses anciens ennemis : « sachez que tous les êtres sont des enfants d'Adam » (donc tous égaux). Dans le célèbre discours d'Hadjat al-Weda'a, le Prophète a déclaré : « Les hommes sont égaux dans l'islam. Telles les mesures équivalentes d'une balance, les gens sont égaux et sont des descendants d'Adam et d'Ève. Un arabe n'est pas supérieur à un étranger et vice versa. Seule la vertu devant Dieu distingue les individus. »

Concernant l'égalité entre les femmes et les hommes, rappelons que le Coran ne reconnaît aucune distinction fondée sur le sexe. De telle sorte que les femmes et les hommes sont aptes à diriger la société sur un pied d'égalité. À ce sujet la sourate Tobah indique : « Les hommes croyants et les femmes croyantes sont responsables vis-à-vis les uns des autres ». La sourate Al-Imran parle de la femme et de l'homme tel un corps uni et apprécie leurs œuvres sur un plan d'égalité. [34]

L'égalité selon l'islam comprend également l'abolition de la discrimination envers les autres croyances et convictions. Alors que la discrimination constitue l'axe idéologique de l'intégrisme islamiste, l'islam interdit une attitude discriminatoire à l'égard des fidèles des autres religions ou convictions. On lit dans la sourate Al-Baqara: « Dites: Nous croyons en Dieu et en ce qui nous a été révélé, et en ce qu'on a fait descendre vers Abraham et Ismaël et Isaac et Jacob, et en ce qui a été donné à Moïse et à Jésus, et en ce qui a été donné aux prophètes, venant de leur Seigneur : nous ne faisons aucune distinction entre eux ». [35]

Le suffrage et la liberté de choix

L'islam est une religion qui dans son essence respecte la liberté de choix de tous les membres de la société humaine et honore profondément le principe du suffrage universel. Le Coran considère que la conscience et la liberté forment des caractéristiques propres aux êtres humains. N'étant pas soumis à la contrainte, l'être humain a la capacité de changer son destin. A nouveau selon le Coran, Dieu a donné aux anges l'ordre de se prosterner devant l'être humain. Ce qui signifie que les forces de la nature sont au service de l'être humain.

Plusieurs versets du Coran relèvent la liberté de choix des hommes. Au tout début de l'islam, à de multiples reprises, le Prophète Mohammad a donné la possibilité aux gens qui l'entouraient de donner leur avis et de faire directement un choix. C'est dans ce sens que la tradition a institué le serment d'allégeance lors de prises de décision importantes ou de la signature d'accords majeurs. De ces serments d'allégeance les plus célèbres, on peut citer le serment de Nessa, le serment de Rezvan et le serment de Ghadir. Même si cette tradition est différente du vote et des élections qui ont cours depuis un ou deux siècles, dans le contexte politique et sociale d'il y a 14 siècles, elle respectait le choix de la population.

Malgré son lien de parenté particulier avec le Prophète, sa compréhension du message authentique de l'islam et sa

compétence personnelle reconnues par tous les compagnons
du Prophète, l'Imam Ali lui aussi, en l'an 35 de l'Hégire, et pour
reprendre ses propres termes, a pris la direction des affaires
uniquement après que le peuple ait insisté pendant toute une
semaine, alors qu'il ne voulait en aucun cas se placer à la tête du
califat.

Le pluralisme

La conviction dans les principes de la souveraineté populaire
implique nécessairement le respect du pluralisme et de la tolérance
envers les autres opinions. L'islam préconise la liberté de penser
et prône la tolérance religieuse et politique. On lit dans le Coran :
« Annonce la bonne nouvelle à Mes serviteurs qui prêtent l'oreille
aux (différentes) paroles, puis suivent le meilleur. Ce sont ceux-là
que Dieu a guidés et ce sont eux les doués d'intelligence ! »[36]

Le Prophète pour sa part considère que la diversité des opinions
est une source de bénédiction. On lui attribue cette célèbre
citation : « Les différends de mon peuple sont une bénédiction » «
.« الاختلاف امتي رحمه»

Parmi les premiers compagnons du Prophète, l'imam Ali
souligne que l'un des objectifs de l'envoie des prophètes est
d'épanouir le trésor de la pensée humaine. (« Dieu a envoyé ses
prophètes l'un après l'autre, parmi les peuples, pour rappeler aux
êtres humains le pacte dont leur essence est imprégnée et faire
apparaitre le trésor de leur intelligence. » Tiré du *Nahjol-ballagheh*,
premier sermon de l'Imam Ali).

Concernant la liberté de penser et de conviction, il y a un exemple
important dans la tradition du Prophète qui mérite d'être cité : il
concerne le célèbre accord entre le Prophète et la communauté
juive de Medine qui reconnait été reconnu pour les deux parties le
respect égal de leurs droits, leur dignité et leur propriété. La charte ne
reconnaît aucune différence ou privilège à aucune des deux parties.
L'autonomie interne de la tribu juive était respectée et une liberté de
culte était reconnue à leur communauté.[37]

Le grand historien iranien, Abdol-Hossein Zarinkoub (1923-1999) identifie «d'indulgence» (*Tassamoh*) comme « la mère de la civilisation islamique » : « l'islam a remplacé l'esprit de vengeance et d'intolérance, héritage des temps archaïques, par un esprit d'indulgence et d'entraide (…) Dans le monde où l'islam est apparu, l'esprit de tolérance et de tempérance était sur le déclin. Dans un monde prisonnier de ses dogmatismes religieux et ethniques, l'islam a donné un souffle nouveau, recommandant la bienveillance et l'entente avec les gens du Livre [les autres religions] et encourageant la science et l'amour de la vie (…) Puis, le déclin de la civilisation islamique a commencé avec la réapparition des dogmatismes ethniques et régionaux ; l'unité et l'esprit de tolérance qui y régnait se sont alors éclipsés. Cette tolérance des musulmans vis-à-vis des gens du livre [juifs et chrétiens] considérés comme des communautés sous protection et liées par des accords, se fondait sur une sorte de "coexistence pacifique" totalement inconnue de l'Europe du Moyen Âge. En fait, malgré quelques restrictions que ces communautés avaient sous le gouvernement islamique, leur quiétude et leur liberté étaient néanmoins garantie et il était rare qu'elles soient poursuivies sans avoir violé d'accords. Le Prophète avait recommandé qu'elles soient traitées dans la fraternité et l'indulgence. Il y a notamment une citation du Prophète qui aurait dit : "quiconque se comporte injustement envers celui avec qui il a conclu un accord, ou lui impose plus que ce qu'il ne peut supporter, c'est à moi qu'il aura affaire au Jugement dernier comme arbitre" (…) En comparaison avec la violence manifesté par les autres cultes de l'époque, l'islam ne se montrait pas non plus violent à l'égard des religions autres que celles les gens du Livre. En dépit des divergences sur le contenu de la foi, la parole d'un individu suffisait pour faire profession de foi, et l'attitude du Prophète envers ses ennemis était empreinte d'indulgence et de clémence (…) Le jugement que porte l'historien Joseph Arthur de Gobineas [1816-1882, ancien ambassadeur de France en Iran], sur cet esprit de pardon et de générosité des musulmans est confirmé par l'histoire de l'islam et le passé des musulmans. Selon lui, si on sépare les convictions religieuses des contingences politiques, on pourrait conclure qu'il n'y a pas de religion aussi tolérante et dénuée de dogmatismes que l'islam. » [38]

Légiférer par le peuple

Pour justifier leur dictature et imposer leur charia, les mollahs arguent avec insolence que le peuple et ses représentants n'ont pas la compétence de légiférer eux-mêmes sur les rapports sociaux, économiques et politiques de la nation. Selon eux, cette compétence relève uniquement de l'autorité religieuse (qu'ils prétendent reliée à la source de la révélation divine). Au cours de la Révolution constitutionnelle iranienne de 1906, un certain Cheikh Fazlollah Nouri, l'ancêtre idéologique de Khomeiny, a estimé dans un décret religieux que l'acte de rédiger une Constitution pour la nation « est contraire à l'islam et constitue un interdit ». Selon lui, « cela revient à écrire une loi qui se place en opposition à la loi de l'islam et appelle la population à se conformer à une loi qui n'a pas été édictée par la charia islamique ».

Quand Khomeiny est arrivé au pouvoir soixante-dix ans plus tard, en raison des avancées de la société et du mouvement du peuple iranien pour la liberté, il ne pouvait plus s'opposer à l'élaboration de lois. Toutefois, pour contrôler le processus législatif, il a d'abord créé un parlement réactionnaire dont les membres devaient faire « allégeance au Guide suprême ». Deuxièmement, il a confié les rênes de ce parlement à un groupe de six religieux, « l'Assemblée des gardiens de la constitution », chargé de rejeter les lois contrevenant à la charia des mollahs. Ainsi aucune loi ne pourra être adoptée si elle échappe au cadre idéologique et politique établi par le Guide suprême. Ce processus despotique est justifié par les mollahs au nom de l'islam. Un théoricien du principe du Guide suprême, Mesbah Yazdi, a écrit ces dernières années : « l'acte de légiférer appartient essentiellement à Dieu, le tout-puissant sage et savant. Incapable de cerner les questions qui le concernent, l'homme n'est pas en droit de légiférer. C'est la raison pour laquelle l'islam et son Coran, en tant que la loi la plus compréhensive d'une vie souhaitable, ont été accordés à l'homme pour lui apprendre la voie du mieux vivre (…) Tout règle ou loi qui soit conforme à la volonté absolue qui règne sur le monde et l'homme, c'est-à-dire la volonté de Dieu, est considérée légitime, même si elle n'est pas acceptée par le gouvernement et le peuple. Inversement, tout règle ou loi qui soit contraire à la volonté divine, est dénuée de légitimité, même si elle convient au gouvernement et au peuple (…) L'acceptation de toute loi autre que la loi divine est considérée comme « *cherk* » (le péché d'associer quelque chose ou quelqu'un à Dieu) tout comme se soumettre et adorer autre que Lui est considéré comme *cherk*. Or, il peut advenir que Dieu lui-même octroie au Prophète et aux Imams, ou leurs mandataires et représentants, l'autorisation de certaines législations ou arrêtés dans les domaines exécutifs. » [39]

La vérité est que les lois que les intégristes font régner au nom de l'islam sur la vie sociale et politique des citoyens, considérant que ces derniers doivent s'y soumettre de façon absolue, n'ont rien à voir avec l'islam. Dans des cas limités, le Coran a prononcé des préceptes qui couvrent un épisode précis de l'histoire et qui sont qualifiés d'un bond en avant ou d'ouverture progressiste dans les relations humaines.

La mission essentielle que se donne le Coran, c'est de clarifier une conception du monde, de la philosophie, de l'évolution et du sens émancipateur de la marche de l'Histoire, la responsabilité de l'être humain pour accéder à la liberté, à l'égalité et à l'édification d'une société donnant la priorité aux valeurs humaines. Cependant, la définition des relations sociales, économiques et politiques est confiée aux humains afin qu'ils les établissent en s'inspirant des dites valeurs et conformément à chaque épisode de l'Histoire.

Les lois que les intégristes, en particulier en Iran, imposent au peuple au nom des lois islamiques, sont chargées d'inégalité, de misogynie, de discrimination et de mépris des droits et n'ont aucun rapport avec l'islam. La lapidation est contraire à l'esprit de l'islam et du Coran, autant que les amputations ou le viol des prisonnières. Par conséquent, nous avons combattu l'idéologie et la pratique basée sur la contrainte et la violence des intégristes au nom de l'islam en Iran. Le refus de la contrainte ne se limite pas seulement dans le libre choix d'une religion, il s'applique également à la pratique religieuse des musulmans : le rituel religieux n'est valable que s'il est accompli volontairement et librement.

Le dynamisme du Coran

Les décrets religieux par lesquels le régime du Guide suprême en Iran légitime son pouvoir, dans le meilleur des cas, sont des décrets figés que les mollahs, ignorant le dynamisme du Coran et de l'islam, veulent appliquer comme il y a quatorze siècles.

En ce qui concerne les décrets économiques et sociaux, jamais le Coran ni l'islam n'ont affirmé qu'il y existait des décrets fixés pour l'éternité. Ce sur quoi le Coran insiste, c'est que chaque décret social et économique, en chaque période, doit servir à ce que les forces décadentes et opposées à l'évolution n'empêchent pas le progrès de l'Humanité.

Comme l'explique le Coran dans le verset 7 de la sourate « La famille d'Imran », il existe deux sortes de versets : les *mohkamat* et les *motashabihat*. Les mohkamat sont les principes fondamentaux, au contenu philosophique, cosmologique et anthropologique de l'islam. Mais les motashabihat concerne les décrets et les modes de vie et ne sont en aucun cas des dogmes. En tout temps, en se référant à l'essence unicitaire de la conception islamique, on peut les adapter au progrès de l'Humanité.

C'est une réalité que Massoud Radjavi a qualifiée de « secret de pérennité et de modernité du Coran et de l'islam ». Dans un discours sur le dynamisme du Coran, il a déclaré : « l'islam que prône l'OMPI a pour première caractéristique le dynamisme. L'islam n'est pas une voie aride et rigide. Si cette religion concerne les millénaires précédents, alors pourquoi faut-il y coller ? Par conséquent, il faut demander aux réactionnaires, pourquoi d'un côté vous tirez profit de l'interprétation, mais d'un autre côté vous lapidez et vous châtiez en public ? Les mollahs font passer aux yeux du monde leurs crimes pour de l'islam. Du reste, nul n'ignore que leur but est de créer un climat de terreur sociale et politique. Incroyable ! Si c'est ça l'islam, alors qu'est-ce que la réaction et la sauvagerie ? Alors comment définir la cruauté et la férocité ? Si vous êtes dans le vrai, donnez-nous un exemple de l'Imam Ali (premier Imam chiites) ou du Prophète qui auraient fait une chose pareille, car la lapidation n'est absolument pas un châtiment islamique (...) Regardez : comment se fait-il que les mollahs utilisent les derniers progrès techniques, scientifiques de la fin du XXe siècle, mais que leurs châtiments remontent à des milliers d'années ?

« Demandez aux mollahs pourquoi ils cherchent à se doter de missiles de portée moyenne et de longue portée et d'armes chimiques, biologiques et nucléaires, et pourquoi ils ne veulent pas de la meule, du puits, des chevaux et des catapultes ? Pourquoi d'un côté, pour la survie de leur régime, ils utilisent la richesse du peuple iranien pour s'arroger des derniers progrès techniques du monde moderne, mais de l'autre ils ont recours à des châtiments qui remontent à des millénaires comme la lapidation et les amputations de mains et de pieds, ou jettent des gens dans des précipices ? Que faut-il croire ?

« Tous ceux, qui ne veulent pas faire preuve de démagogie savent que l'on peut comparer l'objectif, l'idéal et la destination à l'exemple d'un port vers lequel un navire doit se diriger. L'objectif, l'idéal et la destination est l'unicité. Pas uniquement de trouver la paix avec soi-même, mais également avec la société, c'est-à-dire une société sans discrimination. Les versets motashabihat sont des versets qui doivent s'adapter aux circonstances. Certes il ne s'agit pas d'adaptation opportuniste, mais d'une adaptation évolutive, créative et active. A savoir que dans un navire, la manière de ramer, de diriger le gouvernail, de régler la vitesse selon la situation et les évènements qui surviennent, reviennent au capitaine. C'est cela les versets mohkamat et motashabihat. Les versets mohkamat relève de ce que l'on appelle la stratégie. Mais une des significations de motashabihat relève plutôt de la tactique.

« Les versets sont des instruments, des lignes de conduite et des conseils pratiques pour arriver à un but et en préciser le cadre. Il est clair que si on examine cette question sans tomber dans la controverse scolastique et hors de la logique de l'indifférence et de l'irresponsabilité, les moyens et l'application véritables garantissent de parvenir à l'objectif authentique. Tout autant que le véritable but exige les moyens qui lui sont propres. Cela veut dire que d'un côté on ne peut ignorer les moyens dans le monde réel et objectif ou ne pas leur donner tout leur poids. D'un autre côté, les moyens doivent servir l'objectif et ne pas entrer en contradiction avec lui, ni même former un obstacle pour y parvenir. » [40]

La glorification de la « consultation »

Le principe du respect de la souveraineté du peuple dans l'islam est en opposition à toute forme de despotisme et d'autoritarisme. S'adressant au Prophète, le verset 159 de la sourate Al-Imran dit : « C'est par un effet de la grâce de Dieu que tu es si conciliant envers les hommes, car si tu te montrais brutal ou inhumain avec eux, ils se seraient tous détachés de toi. Sois donc bienveillant à leur égard ! Implore le pardon de Dieu en leur faveur ! Consulte-les quand il s'agit de prendre une décision ! » [41]

Vous constatez que le Coran recommande la consultation, non seulement avec les amis et ceux qui s'accordent, mais aussi avec les opposants et ceux qui ont porté préjudice au Prophète.

Ce verset du Coran a été révélé après la défaite du prophète dans la bataille d'Ohod. Cet échec intervenait suite à l'application d'un plan de bataille soutenue par les compagnons du Prophète, un plan autre que celui proposé par ce dernier. Malgré cela, et en dépit de la défaite, le Seigneur lui dicte de continuer à consulter la communauté.

En réalité, par son insistance sur la consultation (« وشاورهم فيالامر»)
le Coran fait une profession de foi et met en avant une valeur
importante.

Dans la sourate « Al-Choura » (la Consultation), la consultation
est glorifiée comme un trait de l'homme vertueux : « ceux qui
répondent à l'appel du Seigneur, observent la prière, se consultent
entre eux au sujet de leurs affaires et dépensent de ce que Nous leur
avons donné en œuvres charitables ».

Ce verset place le principe de la consultation au même rang que
la prière et l'œuvre charitable.[42] C'est sur la base de ce principe
que le Prophète, malgré l'inspiration qu'il lui venait de la révélation,
ne prenait jamais aucune décision importante sans consulter la
communauté. Et il arrivait de privilégier l'opinion des autres au
sien. Une parole célèbre du Prophète dit : « la consultation est une
tradition des prophètes, le despotisme un penchant satanique de
l'être humain ».[43] Dans un dernier discours avant son décès, le
Hajat-al-veda'a, le Prophète a mis en garde les musulmans contre la
dérive, mettant le despotisme en son centre.

Le point de vue de théologiens progressistes : des exemples historiques

Au cours des siècles et particulièrement ces dernières décennies,
de nombreux dignitaires religieux qui ne voulaient pas mettre
leur conviction au service du pouvoir, ont souligné ces vérités.
L'ayatollah Naïni un des plus grands *marja'a* (source de référence
religieuse) du chiisme du début du siècle dernier a voulu s'opposer
à ceux qui cherchaient une justification religieuse au sombre
despotisme monarchique en rédigeant un ouvrage en 1909 sur
la nécessité de fonder un régime parlementaire et de rejeter les
régimes totalitaires. Il démontre en s'appuyant sur des arguments
logiques, des versets du Coran, des hadiths (citations du Prophète)
et la théologie chiite que :

L'islam rejette tout pouvoir totalitaire

L'islam respecte la liberté et l'égalité

Un pouvoir basé sur l'état de droit et un parlement est le meilleur système de gouvernance pouvant exister en notre temps.

Dans ce livre, une fois condamné le despotisme qui s'appuie sur la religion, il précise : « Les oulémas despotiques sont pour la religion comme des bandits de grand chemin qui trompent les faibles », ou encore : « éradiquer l'arbre néfaste du despotisme politique dans un pays est beaucoup plus facile que de déraciner le despotisme religieux ».[44]

Dans le courant du mouvement constitutionnel en Iran (1906), le grand théologien Khorassani qui soutenait de tout coeur ce mouvement avec d'autres dignitaires religieux importants comme Cheikh Mazandarani et Mirza Khalil Téhérani, a déclaré dans un décret religieux : « C'est un impératif de la religion, qu'en l'absence du Messie, le pouvoir revienne à la république des musulmans ».[45]

Nous nous rappelons qu'à l'époque où Khomeiny instaurait sa mainmise dictatoriale sur le pays, l'ayatollah Taleghani, qui représentait le véritable esprit de cette Révolution, a prononcé un discours resté fameux, six mois à peine après la Révolution de février 1979 : « imposer quelque chose par la contrainte au nom de la religion, est la pire des contraintes. C'est-à-dire chercher à imposer aux gens au nom de Dieu quelque chose qui n'est pas de Dieu, refuser à quiconque le droit de protester, de critiquer, c'est refuser la liberté d'action au peuple (…) Alors que le message de l'islam c'est une invitation à la miséricorde et la liberté. L'Imam Ali a dit : quiconque tombe dans le despotisme, court à sa perte ».

Dans une confrontation implicite mais évidente vis-à-vis de Khomeiny, l'ayatollah Taleghani a ajouté : « dégagez ! Laissez les gens prendre des responsabilités (…) Il faut écarter la tyrannie sous le couvert de la religion ».[46]

C'est en persévérant dans ces convictions que le mouvement de la Résistance iranienne a pu mettre un échec à l'islamisme de Khomeiny sur le plan social et culturel. C'est pourquoi d'ailleurs les Moudjahidine du peuple ont été au cours de plus de trois décennies, la cible privilégiée de la répression acharnée des mollahs.

L'islam démocratique: l'exemple du mouvement des Moudjahidine du Peuple

Conférence : « solidarité arabo-islamique avec Achraf »

Paris, le 13 août 2011

L'islam démocratique, c'est l'enseignement libérateur du Prophète , qui a gagné les cœurs avec son message de miséricorde, qui considérait les esclaves et les hommes libres comme des égaux, qui a libéré les prisonniers de guerre et qui a fait participer les femmes dans les activités sociales les plus sérieuses.

Notre mouvement a suivi l'islam démocratique dans son programme, dans ses prises de positions et dans la pratique de la lutte, et pour cela il a payé un prix très élevé. Après la Révolution contre le chah, Khomeiny a présenté le nouveau régime sur la base d'une analyse dogmatique de l'islam, totalement despotique et sans fondement. Au nom de l'islam, il a méprisé le vote du peuple et instauré la dictature absolue. A l'opposé, depuis sa fondation en

1965, l'Organisation des Moudjahidine du Peuple d'Iran (OMPI), s'est basée sur la vision authentique et démocratique de l'islam, et l'a défendu sur la scène politique et sociale. L'OMPI a aussi combattu les abus et les détournements sous diverses formes de l'islam que les mollahs utilisent pour rester au pouvoir ou pour justifier les injustices et l'exploitation de la société. Cela fait 40 ans que Massoud Radjavi, le dirigeant de la Résistance iranienne, mène cette campagne. Il a commencé dans les prisons du chah, puis dans les conditions très complexes de la Révolution de 1979 avec l'arrivée de Khomeiny au pouvoir, et ensuite après l'instauration de la dictature religieuse et jusqu'à maintenant. Avec une interprétation juste du Coran et de l'islam et à travers la pratique de ce mouvement, il a prouvé que l'islam authentique défend l'égalité, la justice et la liberté et présente le plus de dynamisme pour éliminer les discriminations, l'injustice, l'exploitation et la dictature et pour instaurer une société démocratique.

C'est l'aspect le plus important du leadership de Massoud, car il a préservé le mouvement de toute déviation, ce qui aurait servi les mollahs contre l'intérêt du peuple iranien. Nous croyons que la nature de l'islam est opposée à toute utilisation de la force brute, de la discrimination et des contraintes politiques et sociales pour la société. C'est pourquoi, au début du pouvoir de Khomeiny, notre Résistance a rejeté la constitution du régime du Guide suprême. Car selon les enseignements de l'islam démocratique, la souveraineté est le plus grand droit du peuple. A cette époque, Massoud Radjavi a dit à Khomeiny qu'il ne serait jamais son complice dans la répression des non-musulmans et le vol de la souveraineté populaire.

C'est pourquoi, il y a près de 30 ans, en pleine propagande de la dictature religieuse, l'OMPI a pris l'initiative de proposer le plan de la séparation de la religion et de l'Etat au sein du CNRI. C'était extraordinaire de la part d'un mouvement musulman et c'est pour cela qu'il a été pris au sérieux. Nous disons que le peuple doit

être libre de pratiquer et de choisir ou pas sa religion. Comme le dit le Coran : لااكراه في الدين, il n'y pas de contrainte en religion. En revanche, imposer des idées ou une religion, c'est un péché.

En 1988, Khomeiny a massacré 30.000 prisonniers politiques appartenant à la Résistance. Mais à la même époque, l'OMPI a amnistié ses milliers de prisonniers, pris. Nous suivons l'islam qui, selon le Coran, considère que la vie de chaque être humain a autant de valeur que toute l'humanité :

وَمَنْ أَحْيَاهَا فَكَأَنَّمَا أَحْيَا النَّاسَ جَمِيعًا

L'islam démocratique se reconnait avec l'égalité des femmes et des hommes. Il y a 27 ans, les femmes ont fait un premier pas vers le leadership de ce mouvement. Pour les mollahs c'était un péché impardonnable. Mais pour les femmes opprimées d'Iran c'était un élan vers l'avenir, une motivation puissante pour obtenir la liberté et l'égalité. Le dynamisme du Coran et de l'islam, qui visent à la libération des êtres humains, condamne toutes les inégalités contre les femmes. Considérer les femmes comme inférieures ou la moitié de l'homme, ce n'est pas l'islam. Imposer des vêtements obligatoires aux femmes est contraire à l'islam. En suivant le Coran, nous disons : tout ce qui est fait sous la contrainte est contraire à l'esprit de l'islam.

Entre les intérêts d'un groupe pour prendre le pouvoir ou rester fidèle à ses engagements de liberté et de démocratie pour être digne de confiance du peuple, nous choisissons le second.

Nous préférons nous sacrifier pour que le peuple puisse choisir librement. C'est ça l'islam démocratique.

Une miséricorde pour le monde

Conférence : à l'occasion de Moloud, l'anniversaire de la naissance du prophète

avril 2006

Permettez-moi de vous adresser mes meilleurs vœux pour Mouloud, c'est-à-dire la naissance de Mohammad le Prophète de l'islam. Je profite aussi de cette occasion pour souhaiter de joyeuses Pâques aux chrétiens du monde, notamment à mes compatriotes chrétiens en Iran.

Partout sur Terre, les musulmans célèbrent la naissance de Mohammad celui qui porte aussi pour nom, l'amour de Dieu. Orphelin, Mohammad a passé son enfance et sa jeunesse comme berger. Pourtant, c'est cet enfant pauvre qui va bouleverser le monde et apporter à l'humanité l'unité, la miséricorde et la tolérance. Lorsqu'on se penche sur sa personnalité et sa vie, on comprend avant tout la grande injustice qui lui a été faite, à lui et à son message. On s'aperçoit que les fanatiques comme les mollahs au pouvoir en Iran qui prêchent la terreur et la misogynie, ne sont pas ses fidèles, mais ses pires ennemis. Mohammad, dès le départ était connu à La Mecque sous le nom d'*Amine* qui signifie honnête. Les qualités de Mohammad ont attiré Khadija, une femme remarquable et commerçante honorable de La Mecque, qui va le demander en mariage. Mohammad accepte, bien qu'elle soit bien plus âgée que lui.

Cette grande dame d'avant-garde est restée jusqu'à la fin de sa vie aux côtés de Mohammad comme un soutien et une véritable amie. Dans les périodes difficiles et les pressions qui ont suivi l'appel du Prophète, elle a défendu Mohammad de toutes ses forces et de tout son amour. Le grand tournant dans la vie de Mohammad qui va ouvrir une voie et des traditions nouvelles à l'Humanité, c'est le début de *Be'ssat*, sa désignation par Dieu comme prophète. Comment a-t-il pu changer ceux qui vivaient dans l'ignorance en personnes civilisées ? C'est avec son message d'unité, de fraternité, de miséricorde et de tolérance qu'il a pu atteindre cet objectif et rendre le monde plus humain.

C'est pour cela que Dieu dans le Coran le qualifie de رحمه للعالمين , c'est-à-dire de « miséricorde pour le monde ». Une qualité qui va se retrouver dans plusieurs sourates du Coran : celui qui apporte la bonne nouvelle, un messager semblable aux autres humains, une lumière toujours brillante, bienveillant, compatissant, celui qui soulage des fardeaux, qui brise les chaînes, d'une grande moralité, qui rappelle Dieu et qui n'impose pas de domination au peuple, celui qui enseigne et qui ramène dans la bonne voie. Celui qui veut sauver l'humanité.

C'est avec ce message que Mohammad a réussi à établir une nouvelle culture dans la société de l'époque où on enterrait les fillettes vivantes. Un des aspects les plus brillants de la mission du Prophète a été l'émancipation des femmes. Par respect pour sa fille Fatima, il se levait en sa présence et étendait sur le sol son manteau pour qu'elle y prenne place. Cette attitude était si contradictoire avec la culture de l'époque que certains n'hésitaient pas à le

critiquer. Une fois quelqu'un lui a raconté comment avant l'arrivée de l'islam, il avait enterré sa propre fille vivante. Le Prophète Mohammad a pleuré et condamné cet acte en disant: «من لايَرحَم، لايَرحَم» « celui qui n'a pas de cœur ni de pitié, ne connaîtra pas la miséricorde de Dieu.»

Il se comportait de telle façon que lorsqu'on s'adressait à lui pour lui donner son avis, personne ne sentait de difficulté ni de crainte. Il accueillait toute proposition correcte, même opposée à sa propre opinion et c'était cet avis qu'il appliquait. Il ne faisait pas de différence entre les grands et les petits. Chaque être était bouleversé dès qu'il parlait à Mohammad pour la première fois. Les gens étaient captivés par sa limpidité et sa sincérité, à tel point qu'ils croyaient en lui et disaient « اشهدان لاالهالاالله و اشهدان محمد رسولالله» « Je témoigne qu'il n'y a pas d'autre dieu que Dieu et que Mohammad est son prophète ».

Bien que les habitants de La Mecque aient commis contre lui de nombreux crimes, lors de la conquête de cette ville, il n'a pas permis de verser le sang. Dans un discours adressé aux Mecquois, il leur a dit: «Vous êtes tous libres» en déclarant que tous étaient égaux parce qu'ils étaient tous créés de la même essence.

La portée de sa miséricorde et de son pardon était telle que même dans la guerre de Ohod, où ses ennemis avaient tué son oncle Hamzah et une partie de ses compagnons, il ne cessait de répéter cette prière : « Seigneur, pardonne les fautes de cette tribu, car ils ne savent pas ce qu'ils font ». Il disait : « je ne suis pas venu pour maudire, mais pour la miséricorde ». Avec son message de compassion, Mohammad a conquis les cœurs et a pu engendrer de grands bouleversements: il a apporté à l'Humanité le message de l'unicité توحيد qui annonce l'égalité et la fraternité. Il considérait les esclaves comme les égaux des hommes et des femmes libres.

Il a instauré la tradition de هجرت ou l'exil, de la séparation d'avec son pays, son peuple et sa famille dans la lutte pour la liberté. Il a dirigé la persévérance et la foi des croyants durant leur exil, quand ils étaient assiégés dans la vallée de Che'b Abi-Taleb. Il a instauré la paix et l'unité dans la population de Médine qui souffrait depuis des années de guerre sanglante. À Médine, il a institué une société pluraliste et a promulgué une charte disant que tous les membres de cette société, juifs ou musulmans, étaient considérés comme un seul corps social, et que chacun était libre de pratiquer ses rites et devoirs religieux. À une époque où la vie des prisonniers n'avait pas de valeur, il a institué l'amnistie et la libération des prisonniers de guerre.

Il a fait participer les femmes dans les affaires sociales les plus importantes. Il leur a donné le droit à l'héritage, à la propriété totale et indépendante, le droit de témoigner et a interdit toute diffamation et insulte contre elles. Il a dénoncé la prostitution et condamné l'enterrement des fillettes vivantes. Il a donné aux femmes le droit de choisir librement leur mari. Il instauré la reconnaissance de leurs droits pendant le mariage. Il a garanti leur respect et leur sécurité après le divorce. Il leur a donné le droit au divorce et a supprimé les divorces injustes dont disposaient les hommes. Il a mis sur pied un système social et économique nouveau. Il a déclaré tous les êtres égaux, et supprimé les privilèges d'origine et de tribus.

Il a instauré un principe aussi moderne que celui de la présomption d'innocence qui est tellement d'actualité de nos jours. Il a dénoncé l'enrichissement illégitime et le refus d'aider les pauvres. Il a institué la mise en place de conseils dans le travail ainsi que les consultations. Il a enseigné la coexistence pacifique entre les fidèles de diverses croyances et religions. Il a remplacé le fanatisme d'un monde barbare par l'indulgence et la tolérance. Oui, l'image de Mohammad n'est pas celle que veulent donner les mollahs et les intégristes de Téhéran. Ils l'ont défiguré en collant à l'islam leurs idées arriérées et leur attitude inhumaine.

C'est pourquoi on est indigné par le message de crimes et de terreur que propage dans le monde, au nom de l'islam les mollahs au pouvoir en Iran. Le massacre des prisonniers politiques, la pendaison des adolescents, la répression et la discrimination contre les femmes, la prostitution, la drogue, le pillage de la richesse nationale et le terrorisme qui existent sous le régime des mollahs, n'ont rien à voir avec le message d'amour, d'égalité, de fraternité et de tolérance de Mohammad. Quel rapport il y a-t-il entre la sauvagerie et l'esprit de vengeance des mollahs et la bonté et l'humanisme du Prophète ? Quel rapport il y a-t-il entre le message de paix de Mohammad et la course aux armes atomiques des mollahs pour menacer le monde ?

En tant que musulmans fidèles à Mohammad, nous nous sommes élevés contre la dictature religieuse en Iran que nous qualifions de pire ennemie du Prophète. C'est en le prenant pour modèle que nous luttons pour établir une société de liberté, de tolérance et de fraternité. Nous avons appris qu'il faut faire preuve d'amitié, de solidarité et de bonté avec les gens, quelle que soit leur nationalité, leur origine ou leur religion.

L'islam, religion de contrainte ou de liberté?

par Maryam Radjavi

Les tragédies engendrées par le terrorisme et les tyrannies au nom de l'islam posent de graves problèmes comme jamais auparavant tant aux musulmans qu'à l'ensemble du monde. L'assassinat d'un prêtre catholique dans une église près de Rouen, la tuerie à Nice le soir du 14 juillet, les attentats cruels du 22 mars à Bruxelles, la succession de crimes terroristes en Allemagne et les attentats en Tunisie, ont tous confirmé la persistance de la menace qui a déjà frappé la France, le Danemark et les Etats-Unis et prolifère à travers le monde.

Replacer ces attaques dans leur contexte permet de remonter aux conflits en cours au Moyen-Orient. C'est en considérant le contexte que nous pourrons mieux cerner ce fléau : ces incidents sont bel et bien le résultat délibéré d'une conception du monde effrayante et agressive qui piétine les valeurs divines et humaines sous prétexte de défendre une religion. Elle tente de draper dans la légitimité religieuse des actions qui, de toute évidence, constituent des crimes. Elle présente ces actions comme de hautes valeurs en révérant les méthodes des périodes les plus sombres de l'humanité. Ceux qui souscrivent à cette conception se font passer pour des musulmans, comme s'ils étaient l'élite d'une foi légitime tandis que tous les autres, y compris le reste des musulmans, sont à leurs yeux de parfaits hérétiques qu'il faut soumettre ou éliminer.

Ancrés dans cette vision, ils font allusion aux versets coraniques et aux traditions du Prophète de l'islam, dans une vaine tentative de justifier leurs actions. Ils travestissent l'islam en une idéologie se résumant à la tyrannie, la violence, le sacrilège, l'inégalité et la misogynie. Est-ce vraiment l'islam ou une perversion totale de celui-ci ?

Contrainte ou liberté ?

Dès le départ, lorsque le Prophète Mohammad a invité tout le monde à accepter un seul Dieu, il a dit que ce choix leur apporterait le salut. Dieu dit dans le Saint Coran que le Prophète est venu pour ôter les chaînes qui entravent les mains et les pieds.

Avant lui, Jésus avait dit : Aimez-vous les uns les autres comme Dieu vous aime.

Avant lui encore, Moïse avait invité à une religion qui considère les êtres humains comme faisant partie d'une même famille, décrivant les différents peuples, ethnies et tribus comme les branches qui ramènent à une seule source.

Ainsi, nous sommes tous enfants d'Abraham, tous frères et sœurs. L'essentiel dans les relations entre les êtres humains ce n'est pas le châtiment, la tyrannie et l'exploitation, mais la liberté, la compassion et l'unité.

Certes, depuis fort longtemps les forces oppressives interprètent les versets coraniques selon les écoles de pensée les plus réactionnaires, travestissant l'islam. Mais le véritable message de cette religion a survécu. Au cours de ce conflit, deux interprétations diamétralement opposées ont vu le jour pour s'affronter.

L'une basée sur la tyrannie, l'autre sur la liberté. La première favorise la contrainte et la tromperie, tandis que l'autre repose sur le choix, libre et conscient.

La première regarde vers le passé et s'accroche aux lois et aux relations sociales des millénaires passés et l'autre défend les droits universels de l'homme et met en avant la liberté.

La première est basée sur une lecture figée et dogmatique, tandis que la seconde est basée sur une lecture dynamique liée aux paroles explicites du Coran et à l'esprit libérateur de l'islam.

Afin de justifier la contrainte religieuse et la coercition, les intégristes prétendent que l'adhésion à la foi de l'islam limite le champ des libertés, et qu'après avoir accepté l'islam, chaque musulman doit se soumettre aux mesures coercitives des fondamentalistes. Or chaque action et rituel spécifique de l'islam n'est valable que s'il est volontairement choisi. L'islam préconise à chaque fidèle de pratiquer *l'Ijtihad* [47] (l'exégèse ou l'adaptation des lois générales au contexte social contemporain).

Les intégristes islamistes pensent que les premières mesures de l'islam, qui allaient dans le sens de l'abolition de l'oppression, de la violence et de l'inégalité dans le contexte de l'époque, sont des commandements permanents et fixes. 1400 ans après, ils persistent à vouloir que l'humanité reste figée dans cette même séquence historique.

Cependant l'islam a ouvert une voie permettant à l'humanité de prendre de nouvelles mesures en vue de mettre en œuvre la compassion divine et l'authentique liberté humaine.

À une époque où les femmes étaient non seulement privées de posséder des biens et n'avaient aucun droit économique, l'islam, dans une première étape, a reconnu les droits des femmes à la propriété et déclaré qu'elles méritaient un héritage d'au moins la moitié de celui des hommes. Ce décret annonçait un âge de l'abolition de l'inégalité. Cela ne signifiait pas que les femmes n'auraient que la moitié des droits des hommes pour l'éternité.

Dans une ère de barbarie, où une tribu massacrait une autre pour se venger d'un seul meurtre, les religions monothéistes ont institué le « qisas », la loi du talion, comme châtiment proportionnel au crime commis. A l'époque cela permettait de limiter les punitions et d'épargner la vie des familles et des tribus auxquelles l'accusé appartenait. Ce n'était pas un ordre visant à déchaîner la cruauté, encore moins une invitation à l'imposer de nos jours.

À l'ère de l'esclavage, l'islam a affirmé que beaucoup de péchés pouvaient être pardonnés grâce à la libération des esclaves. Cette mesure établissait clairement un plan pour l'abolition progressive de l'esclavage, rien de moins.

D'ailleurs, pourquoi les intégristes qui continuent à s'appuyer sur des versets sans tenir compte du véritable cap indiqué par le Coran, persistent-ils à ignorer les paroles limpides de ce Livre Saint ?

Dans la sourate de « famille d'Imran », au verset 7, le Coran affirme clairement que certains versets du livre sacré sont des mohkamat (fondamentaux et non sujets au changement) tandis que d'autres sont des moteshabihat (allégories). Cependant, il est dit : « Alors, ceux dont le cœur est perverti suivent les parties qui sont allégoriques, cherchant à induire en erreur et cherchant à leur donner (leur propre) interprétation. »

Les mohkamat constituent des versets relatifs aux principes fondamentaux et intangibles, comme l'unicité de Dieu, le Jugement dernier, l'égalité entre les êtres humains et la responsabilité individuelle.

Les moteshabihat sont principalement liés aux réglementations et lois sociales et économiques, ainsi qu'aux méthodes et aux stratégies visant à mettre en œuvre les valeurs humanitaires et sociales. Ces méthodes sont fondées sur les circonstances historiques et géographiques qui évoluent constamment selon les avancées de chaque époque. Ce qui est important c'est qu'il y a

1400 ans, ces lois et méthodes étaient beaucoup plus avancées que les traditions et les normes qui prévalaient même dans les sociétés les plus évoluées de cet âge, en particulier dans la péninsule arabique qui a vu l'avènement de l'islam. Ces lois annonçaient un vaste bouleversement économique et social dans ce contexte historique.

Le Coran est même allé plus loin concernant la reconnaissance de la nature changeante des lois et des méthodes socio-économiques. Le Coran a été révélé au Prophète de l'islam au cours d'une période de 23 ans. Bon nombre des commandements révélés dans les premières années et qui correspondaient au niveau de progrès et d'évolution de la communauté musulmane d'alors, ont finalement changé au cours des dernières années de la révélation et de la vie du Prophète. Dans la sourate « La Vache », nous lisons : « Quel que soit le message que Nous abrogeons ou faisons oublier, Nous en apportons un meilleur ou semblable. Ne sais-tu pas qu'Allah est Détenteur du pouvoir sur toutes choses ?[48]»

Un verset de la sourate des « Abeilles » parle de commandements qui remplacent les autres[49]. L'Imam Ali, premier imam des chiites, gendre et cousin du Prophète, déclare qu'il est dit dans le Coran que « certaines choses étaient obligatoires à leur époque, mais ont été annulées par la suite »[50].

Malgré tout cela, les intégristes ont dépouillé le Coran. Ils ont commis d'innombrables crimes en citant faussement des versets basés sur une compréhension rudimentaire du texte sacré. Le but étant de faire avancer des velléités politiques en s'appuyant sur des considérations fabriquées à travers les âges.

Outre les législations mentionnées dans le Coran, d'autres règles, dont la majeure partie est issue de la charia des mollahs, n'ont jamais existé, ni pendant la vie du Prophète de l'Islam ni dans les années qui ont suivi sa mort. Elles ont été produites par des religieux au fil des siècles.

Sachant que le Coran reconnaît lui-même la cessation de certaines choses et met en évidence la nécessité de remplacer l'ancien par le nouveau, pourquoi les prescriptions des religieux datant d'un millénaire resteraient-elles inchangées ? Pourquoi les musulmans ne seraient-ils pas en mesure de critiquer ces lois et d'en formuler d'autres compatibles au progrès de la société ? Pourquoi devraient-ils suivre des règles dont beaucoup favorisent l'oppression et l'inégalité, et qui sont donc anti-islamiques ? En vérité, sans une compréhension dynamique du Coran, toute interprétation s'avère inévitablement une perversion et doit être fermement rejetée.

Le socle commun des intégristes

Depuis les mollahs au pouvoir à Téhéran, en passant par les milices affiliées à la Force Qods des gardiens de la révolution en Irak, le Hezbollah libanais, Boko Haram, jusqu'à Daech, tous les intégristes se réfèrent à l'islam alors qu'en réalité, ils se dressent contre l'islam authentique.

Chacun d'entre eux – avec leurs différents noms et visages – ont une croyance commune qui se résume à leur attachement à la charia réactionnaire et extrémiste et à son application. Cette charia émerge sous diverses formes, avec une religion de coercition, la tyrannie, la misogynie, l'hérésie et le rejet des principes moraux et islamiques.

Une religion coercitive :

Lorsque Khomeiny et sa clique ont institué leur régime en supprimant ceux qui avaient engendré la révolution de 1979, ils ont imposé leur idéologie réactionnaire avec pour mot d'ordre : « Un seul parti, le parti de Dieu ! » (Hezb faghat Hezbollah !) Ils ont réprimé les femmes en criant « le voile ou un coup sur la tête ». Ils ont ensuite manœuvré pour forcer les gens à se conformer aux règles d'une religion coercitive à coups d'exécutions, de torture et d'intimidation.

Trois décennies plus tard, lorsque Daech a commencé à apparaître, son principal slogan était « pas d'application de la charia sans les armes ». Or tout ce qui est accompagné par la force et la contrainte est diamétralement opposé à l'esprit de l'islam et le Coran lui-même a dit : « Il n'y a pas de contrainte en religion. » Même les rituels obligatoires pour les musulmans comme les prières quotidiennes et le jeûne, ne sont considérés valables que s'ils sont accompagnés d'un but (se rapprocher de Dieu) ou s'ils sont volontaires.

L'instauration d'une tyrannie :

Les intégristes cherchent à établir une tyrannie barbare sous la bannière de l'islam, se référant à lui sous des appellations diverses comme le régime du guide suprême en Iran, l'État islamique ou encore le califat. Ils affirment que, depuis qu'ils se sont mobilisés pour mettre en œuvre les lois islamistes, l'utilisation de la force et la suppression des libertés sont légitimes. Mais la tyrannie est contraire à l'essence de l'islam. Dans le Coran, Dieu dit à son Prophète : « Lance donc le rappel ! Tu n'es que celui qui rappelle. Tu n'es pas un dominateur sur eux. »[51]

Deux documents majeurs nous aident dans une certaine mesure à découvrir comment l'islam envisage vraiment l'attitude que les dirigeants doivent adopter envers leur peuple.

Tout d'abord la lettre d'Omar, le second calife (586-644), aux habitants de Jérusalem en 636 après la conquête par les musulmans d'une partie de l'Empire byzantin. Dans la lettre, Omar a écrit : « Ceci est une promesse de sécurité que moi Omar, serviteur de Dieu et commandeur des croyants, je fais à la population de Jérusalem. Je garantis par la présente la sécurité de tous les habitants, sains ou malades, y compris la vie des gens, leurs biens, leurs églises et leurs croix. Je n'occuperai ni ne détruirai leurs églises. Les églises elles-mêmes ou quoi que ce soit dans leurs environs, croix et biens ne seront pas touchés. Personne ne pourra les forcer à quitter leur terre ou à renoncer à leur foi. Personne ne sera blessé. Toutes les personnes qui quitteront Jérusalem auront une garantie de sécurité pour leurs vies et leurs biens jusqu'à ce qu'elles atteignent une destination sûre. Et quiconque reste dans la ville sera en sécurité. »[52]

Ensuite, il y a la lettre d'Ali ibn Abi Taleb, gendre du Prophète, quatrième calife et premier Imam des chiites (518-661) adressée à Malik Ashtar, qu'il avait nommé premier dirigeant d'Egypte : « Porte en ton cœur la compassion, l'amabilité et la bonté envers les gens. N'agis jamais comme un animal enragé en pensant pouvoir les dévorer. Il existe deux types de personnes : ceux qui sont tes frères en religion, et ceux qui sont tes semblables dans la création. Le meilleur ministre à tes yeux devra être celui qui te dira la dure vérité au lieu de te couvrir de louanges pour des paroles et des actes que le Seigneur réprouve pour ses amis. Le bien-être des citoyens doit peser plus lourd dans ton esprit que les taxes, car les taxes ne seront versées que s'il y a du développement. Donc, si ceux qui paient des impôts se plaignent qu'ils sont trop lourds, offre leur une réduction dans une certaine mesure pour qu'ils voient une amélioration dans leur vie. Empêche tes forces militaires de s'en prendre aux gens ordinaires de sorte que leur porte-parole puisse parler sans bégayer, sans crainte ni inquiétude. J'ai entendu bien des fois le Prophète dire qu'aucune nation ne devient pure et raffinée, tant que l'humble et le pauvre n'auront pas obtenu leurs droits de ceux qui sont au pouvoir sans bégayement, sans peur ni inquiétude. »[53]

Le terrorisme et la folie du pouvoir sous la bannière du « djihad »

Ce que les extrémistes d'aujourd'hui présentent comme le « djihad » ou « djihadisme» n'est en réalité que du terrorisme et de la brutalité à l'état pur. Le djihad dans le Coran signifie se dresser contre l'injustice, une notion qui est même consacrée dans la Déclaration universelle des droits de l'Homme. Le Coran autorise le recours au djihad uniquement pour ceux qui subissent l'injustice, des assassinats ou sont forcés de quitter leur pays [54]. Cela signifie que le Coran leur reconnaît le droit de se dresser contre l'injustice.

Dans ce contexte, en quoi cette lutte a-t-elle un rapport avec la recherche de la domination des mollahs sur la Syrie, l'Irak, le Liban, ou le Yémen, ou avec les tentatives de Daech de dominer davantage de territoires et de s'emparer d'encore plus de champs pétroliers ?

Dans leur esprit, les musulmans qui s'opposent au pouvoir des religieux ou des califes, ainsi que les non-musulmans qui refusent de se soumettre, sont les principales cibles de ce soi-disant djihad.

Pourquoi ceux qui prétendent déclarer le djihad contre les ennemis de Dieu sont-ils en paix et solidaires de Bachar el-Assad et Khamenei, tout en massacrant des civils non armés dans les salles de concert ou des aéroports ?

Peut-on parler de djihad quand les mollahs au pouvoir en Iran déchaînent leur armée en Syrie pour massacrer des centaines de milliers de femmes, d'hommes et d'enfants et pousser à l'exode plus de la moitié de la population ?

Le rejet des frontières :

Un autre élément du socle commun des intégristes c'est le rejet des frontières nationales et la tentative d'occuper d'autres pays. Aujourd'hui, Daech occupe des parties de l'Irak et de la Syrie sous la bannière d'un Etat islamique tout en appelant à l'occupation d'autres pays. Mais l'expression « Etat islamique » a été mentionnée il y a plus de trente ans par Khomeiny dans son testament. Il a exigé la création d'un «Etat islamique avec des républiques libres et indépendantes ». Dans la Constitution actuelle du régime iranien, le gouvernement doit s'efforcer constamment pour «réaliser l'unité politique, économique et culturelle du monde islamique ».[55]

Afin de préserver leur pouvoir en Iran, les mollahs ont toujours essayé de gagner de l'influence sur d'autres pays musulmans de la région. La guerre Iran-Irak qui, sur l'insistance de Khomeiny a continué pendant huit ans et entraîné la mort de plus d'un million d'Iraniens, ainsi que la domination actuelle des mollahs sur les parties de l'Irak et du Liban sont des exemples de cette politique. Cet expansionnisme réactionnaire, qui s'est déroulé avec une effusion injuste de sang d'innocents, accompagnée de destruction d'une ampleur épouvantable, est en contradiction avec les enseignements de l'islam.

La misogynie :

Parmi les autres caractéristiques communes aux intégristes figure en bonne place la misogynie. C'est la mise en œuvre des inégalités et de la violence contre les femmes, les privant de leurs libertés et droits fondamentaux, leur interdisant les rôles de gestion et de leadership dans les institutions socio-politiques, et les considérant comme des citoyens de seconde classe, tout en se servant de l'islam comme excuse. Mais, lorsque l'islam a été introduit, il a joué un rôle de pionnier dans l'ouverture de la voie de la liberté et de l'égalité des femmes. Par exemple, dès départ, des centaines de femmes ont pris de l'importance en jurant allégeance au Prophète, et ont assumé des responsabilités pour l'aider dans le domaine politique, social et militaire.[56]

Le Coran souligne l'égalité entre tous les êtres humains, femmes et hommes. Le dynamisme de l'islam et du Coran annule toute loi qui, d'une manière ou d'une autre, rejette l'égalité des sexes.

L'excommunication :

Khomeiny, Daech et d'autres entités similaires, utilisent l'excommunication ou takfir pour réprimer et éliminer les opposants et surtout pour sévir contre ceux qui s'opposent à leur charia.

La fatwa ou décret religieux de Khomeiny ordonnant le massacre de prisonniers politiques en Iran en 1988 est un exemple majeur d'excommunication dans l'histoire moderne. Dans une décision manuscrite, Khomeiny affirme que les sympathisants de l'organisation des Moudjahidine du peuple d'Iran (OMPI) ne souscrivent « en aucune façon » à l'islam et sont condamnés à mort dans les diverses prisons de l'Iran. Sur la base de cette décision, en l'espace d'une saison, plus de 30.000 prisonniers politiques, dont la plupart étaient des partisans de l'OMPI, ont été exécutés. Mais, selon le Coran et la tradition du Prophète, l'esprit de l'islam est étroitement lié à la tolérance et à l'acceptation des désaccords et des différences entre les personnes, les groupes et les adeptes de diverses confessions et religions. Dans le verset 87 de la sourate de « La Vache », Dieu fustige ceux qui excluent les autres, les taxant d'orgueilleux, et les accuse de rejeter un groupe et d'en tuer un autre. [57]

Dogmatiques sur le secondaire, négligents des principes humanitaires :

Une des croyances infâmes de tous les intégristes, dont ils ne se cachent pas, est leur tentative de dénigrer les principes moraux, humanitaires et islamiques pour atteindre leurs propres objectifs mesquins, surtout dans le but de conserver leur pouvoir.

Ils sont extrêmement maniaques, inflexibles et dogmatiques sur les questions secondaires et superflues. Mais quand il s'agit des principes fondamentaux et des idéaux de l'islam, ils plongent dans l'hérésie et la négligence en fonction de leurs propres intérêts. Pour reprendre les paroles de Jésus, ils retiennent au filtre le moucheron et avalent le chameau.

Avant d'accéder au pouvoir, Khomeiny avait approuvé dans son livre le plus important intitulé «L'État islamique », les exterminations de masse en faveur de la survie de l'État ou, comme il le dit, pour « déraciner la plupart des races corrompues qui sont nuisibles à la société »[58] . Après son arrivée au pouvoir, il a également dit : « Le Guide suprême peut empêcher la prière, le jeûne et le Hadj s'il le juge opportun (...) détruire le foyer d'un croyant et contraindre sa femme à divorcer. »[59]

Comme tout le monde l'a vu, afin de préserver son règne, il a continué la guerre dévastatrice contre l'Irak pendant huit ans et fait un million de victimes du seul côté iranien.

Aujourd'hui, Daech qui massacre sans répit, suit le même

exemple et ne donne aucune valeur ou crédit aux principes humanitaires ou moraux.

Par ailleurs, n'est-il pas vrai que les religions monothéistes ont vu le jour afin que les êtres humains se conforment aux codes moraux et aux principes humanitaires ? Les Dix Commandements de Moïse ou tout ce que Jésus et Mohammad ont dit n'étaient-ils pas destinés à contenir les tendances agressives, avides et oppressives afin d'ouvrir un chemin vers la liberté et la réalisation des idéaux individuels et sociaux ?

Alors, comment les intégristes peuvent-t-ils se permettre de commettre toutes sortes de sauvageries en les taxant d'islam ?

Il est étonnant que ces extrémistes, dans leurs variantes chiites ou sunnites, se présentent comme des défenseurs des normes islamiques et morales pour commettre des violences injustifiées, qu'ils qualifient à tort de « punitions islamiques » comme amputer, arracher les yeux ou lapider, motivés par une barbarie et d'une dureté de cœur indescriptible. A notre époque, personne n'aura autant foulé aux pieds les lois divines et islamiques que ce groupe. Comme le dit le Coran : « Celui dont les paroles sur la vie de ce monde te plaît et qui appelle Dieu à témoin de ce qui est dans son cœur, est pourtant le plus violent des adversaires. Et lorsqu'il détient l'autorité, il s'efforce sur le territoire de causer des troubles et de détruire la végétation et la descendance, et Dieu n'aime pas les troubles. » [60]

Nos croyances

Tout ceci n'est pas considéré par notre mouvement comme un simple traité théorique. C'est le sujet même d'une lutte difficile qui dure depuis cinquante ans avec de lourdes conséquences, y compris de nombreuses vies. L'histoire de l'OMPI est celle de la persistance d'une rébellion tant dans la théorie que dans la pratique contre les fondements d'une idéologie religieuse réactionnaire.

L'OMPI est la plus ancienne et la plus grande organisation musulmane du Moyen-Orient qui s'oppose aux interprétations extrémistes de l'islam. L'OMPI a été créée en 1965. Depuis, elle s'est engagée dans un effort théorique pour comprendre l'islam authentique et en supprimer les lectures figées et dogmatiques. L'OMPI a réussi à formuler et promouvoir dans la société iranienne les conceptions crédibles de l'islam sur la liberté, les droits humains, la justice sociale, les droits des minorités ethniques et religieuses et d'autres domaines encore.

La conception présentée par le fondateur de l'OMPI, Mohammad Hanifnejad, a constitué une révolution dans la pensée musulmane. Il a affirmé que la véritable démarcation ne se situe pas entre les croyants et les non-croyants. La véritable démarcation se situe entre ceux qui répriment et oppriment et ceux qui sont réprimés et exploités.

Ce nouveau concept a ouvert un gouffre définitif et infranchissable entre la vision traditionnelle et classique de l'islam et l'islam authentique. Elle a marqué une frontière incontestable entre l'islam démocratique et l'islam réactionnaire.

C'est sur cette base, aujourd'hui, que nous rejetons le sectarisme et les conflits religieux. Nous déclarons que la lutte ne se passe pas entre chiites et sunnites, musulmans et chrétiens ou entre les populations et la culture du Moyen-Orient contre celles de l'Occident. Non, il n'y a pas de guerre de civilisations. La principale guerre se déroule plutôt entre le camp de la tyrannie et de l'intégrisme contre le camp de la démocratie, de la quête de la liberté et du progrès social.

D'autres mesures majeures prises par l'OMPI dans le contexte de la lutte idéologique et théorique contre la pensée religieuse réactionnaire sont tout aussi importantes.

Dans des circonstances où la culture traditionnelle domine la majorité de la société iranienne, l'OMPI, avec une incroyable bravoure, s'est élevée contre les mollahs réactionnaires, en citant le Coran [61] et a déclaré qu'une compréhension correcte de l'islam dépend des efforts de chacun pour générer un changement social. C'est une chose que ne peuvent faire les ayatollahs réactionnaires qui justifient les crimes commis par le régime.

À l'inverse des mollahs qui jugent les acquis scientifiques et les théories comme l'évolution de la vie et de la société, contraires à leur conception réactionnaire de l'islam et du Coran, l'OMPI considère ces théories comme conformes et complémentaires aux points de vue philosophiques et anthropologiques soulignés dans le Coran et l'islam. L'OMPI estime l'émergence des prophètes et des religions éminentes telle que l'islam comme les plus grands vecteurs de changement pour l'évolution sociale dans l'histoire.

Ce sont là les sujets que le dirigeant de la Résistance iranienne, Massoud Radjavi, a enseigné dans les premières années de la révolution antimonarchique. À ce moment, le quotidien français Le Monde écrivait : « L'un des « happenings » de Téhéran à ne pas rater est le cours de philosophie comparée que donne tous les vendredis après-midi M. Massoud Radjavi. Quelques dix mille personnes, munies de carte d'admission, se rassemblent sur les pelouses de l'université Charif pour écouter, trois heures durant le chef des Moudjahidin Khalq (les combattants du peuple). »[62]

En outre, l'OMPI a adopté la théorie du « dynamisme du Coran », qui fournit le cadre et le contexte pour une compréhension correcte du Coran. Inspiré par les principes de l'islam, ce contexte affirme la légitimité de la législation laïque tout en annulant et rejetant les lois intégristes de la charia dont la fonction particulière est d'enchaîner les libertés sociales.

L'OMPI, inspirée par le principe du libre arbitre et du libre choix inhérents aux enseignements islamiques et coraniques, s'est dressée pour défendre la liberté et la souveraineté populaire, déclarant toute chose fondée sur la tyrannie et le rejet du libre vote du peuple comme étrangère à l'islam. L'initiative de la Résistance iranienne d'appeler à l'abolition de la peine de mort, un exemple rare dans les pays musulmans, est le fruit de cette conception.

Dans ce contexte, l'OMPI s'est insurgée contre le régime du guide suprême en Iran. Payant un très lourd tribut, elle a rejeté la Constitution des mollahs qui a pour pilier le guide suprême.

L'OMPI a également désavoué et dénoncé la démagogie des mollahs qui se font passer pour les représentants de Dieu sur terre. L'OMPI a aussi lancé une lutte profonde et de longue haleine pour l'égalité des genres. S'appuyant sur le Coran et les traditions du Prophète et autres pionniers de l'islam, l'OMPI a montré que nier les droits et les libertés des femmes est contradictoire au véritable message de l'islam. Cette conviction a eu un impact tangible et réel sur la structure du mouvement de la résistance. Les femmes ont endossé un rôle capital à la direction tout comme dans les autres niveaux de prise de décision.

Et, enfin, l'acte crucial et novateur de l'OMPI a été la promotion de la séparation de la religion et de l'Etat, qui ne laisse aucune place à la discrimination religieuse ni à la théocratie. Le soutien à ce principe n'aurait pas atteint cette envergure, ni eu cet impact s'il n'avait été l'initiative d'un mouvement musulman. A travers tout le Moyen-Orient et les pays musulmans, c'est le seul exemple d'un mouvement de résistance musulman capable de défendre le principe de la séparation de la religion et de l'Etat, et qui a ouvert la voie à l'instauration de la démocratie.

Dans la défense de ce principe, nous nous sommes insurgés contre la religion coercitive et la contrainte religieuse. Peut-on considérer que ce principe crée des limites ou introduit des réformes dans les idées fondamentales de l'islam ? Non, au contraire, il soutient le véritable esprit de l'islam qui, selon les propos de Massoud Radjavi, « désapprouve toute justification ou légitimité y compris la légitimité politique, résultant de la contrainte et la coercition... Nous sommes profondément convaincus que le véritable épanouissement de l'islam ne sera possible que lorsqu'il n'existera plus aucune forme de discrimination sociale ou politique, de privilège, ou de coercition. »

Par la séparation de la religion et de l'Etat, voulons-nous signifier que dans une société libérée de la dictature, aucun individu ou groupe ne pourrait agir en se fondant sur l'islam ? Non, ce que nous voulons dire c'est que, comme le stipule une résolution adoptée par le Conseil national de la Résistance iranienne, l'urne électorale règne en maître absolu et aucun privilège ne doit être accordé ou retiré en raison de la croyance ou de l'absence de croyance en une religion particulière. Ce principe garantit également la liberté de religion dans le sens où les musulmans et les adeptes d'autres religions peuvent librement pratiquer leurs cultes sans subir la moindre forme d'inégalité.

Dans un document préparé en 633 dans la ville de Médine, le Prophète de l'islam affirme : « Les juifs et les musulmans sont comme une même nation ou un même peuple. (La seule différence étant que) les juifs suivent leur religion et que les musulmans suivent la leur. » [63]

Ce que nous prônons, c'est de supprimer et de rejeter la tyrannie sous le voile de la religion. C'est le résultat d'une grande expérience historique, qui a prévu la défaite de la dictature religieuse en Iran. Notre objectif est de renverser les fondements du sectarisme sous le couvert du chiisme ou du sunnisme. Se servir de la religion pour la quête du pouvoir ne doit plus continuer.

Notes

(1) "Sahifeh nour", recueil des discours de Rouhollah Khomeiny, fondateur de la dictature religieuse, vol 19, chapitre 11– « Parlez de l'islam à la population (...) Mais pourquoi vous ne récitez pas la sourate concernant l'innocence (...) pourquoi vous ne leur récitez pas les versets de guerre ? Et alors, vous récitez les versets de la clémence, mais dans ces mises à mort il y a aussi de la clémence parce qu'il veut former les gens. Parfois les gens ne se corrigent pas ; imaginons que parfois ce n'est pas possible, alors il faut les faire chauffer à blanc pour que la société se corrige. Que les corrompus en soient expulsés. »

(2) Sourate 16, verset 125

(3) Sourate 39, verset 18

(4) Sourate 2, verset 111

(5) Sourate 3, verset 159

(6) Les versets ci-dessous témoignent de cet appel : Sourate 17, verset 105 : Nous ne t'avons envoyé qu'en annonciateur et avertisseur

وَبِالْحَقِّ أَنزَلْنَاهُ وَبِالْحَقِّ نَزَلَ وَمَا أَرْسَلْنَاكَ إِلاَّ مُبَشِّرًا وَنَذِيرًا

Sourate 25, verset 57 : Dis : « je ne vous en demande aucun salaire. » Mais celui qui veut suivre un chemin conduisant vers son Seigneur [est libre de dépenser dans la voie de Dieu].

قُلْ مَا أَسْأَلُكُم عَلَيْهِ مِنْ أَجْرٍ إِلَّا مَن شَاء أَن يَتَّخِذَ إِلَى رَبِّهِ سَبِيلًا

Sourate 33, verset 45 : Ô Prophète, nous t'avons envoyé comme témoin, annonciateur et avertisseur

يَا أَيُّهَا النَّبِيُّ إِنَّا أَرْسَلْنَاكَ شَاهِدًا وَمُبَشِّرًا وَنَذِيرًا

Sourate 33, verset 46 : Appelant les gens à Dieu, par sa permission et comme une lampe qui éclaire

وَدَاعِيًا إِلَى اللَّهِ بِإِذْنِهِ وَسِرَاجًا مُنِيرًا

Sourate 33, verset 47 : Et donne aux croyants la bonne nouvelle qu'ils recevront de Dieu une grande grâce.

وَبَشِّرِ الْمُؤْمِنِينَ بِأَنَّ لَهُم مِّنَ اللَّهِ فَضْلًا كَبِيرًا

Sourate 34, verset 28 : Et nous ne t'avons envoyé qu'en tant qu'annonciateur et avertisseur pour toute l'humanité. Mais la plupart des gens ne le savent pas.

وَمَا أَرْسَلْنَاكَ إِلَّا كَافَّةً لِّلنَّاسِ بَشِيرًا وَنَذِيرًا وَلَكِنَّ أَكْثَرَ النَّاسِ لَا يَعْلَمُونَ

Sourate 35, verset 24 : Nous t'avons envoyé avec la Vérité en tant qu'annonciateur et avertisseur. Il n'est pas une nation qui n'ait déjà eu un avertisseur.

إِنَّا أَرْسَلْنَاكَ بِالْحَقِّ بَشِيرًا وَنَذِيرًا وَإِن مِّنْ أُمَّةٍ إِلَّا خَلَا فِيهَا نَذِيرٌ

Sourate 48, verset 8 : Nous t'avons envoyé en tant que témoin, annonciateur de la bonne nouvelle et avertisseur.

إِنَّا أَرْسَلْنَاكَ شَاهِدًا وَمُبَشِّرًا وَنَذِيرًا

(7) Coran, sourate 33, verset 72

عرضنا الامانة علي السموات والارض والجبال فابين ان يحملنها واشفقن منها وحملها الانسان انه كان ظلوما جهولا

« Nous avions proposé aux cieux, à la terre et aux montagnes la responsabilité (de porter la charge de la marche du monde). Ils ont refusé de la porter et en ont eu peur, alors que l'homme s'en est chargé. »

(8) Sourate 13, verset 11

(9) Nahj-ol-balagheh, lettre 53

(10) Massoud Radjavi, discours sur « Le dynamisme du Coran ; deux islam totalement opposés », 1997

(11) Le 26 octobre 2013, le régime des mollahs a pendu Habibollah Golparipour et Reza Esmaïli (Mamadi), deux prisonniers politiques kurdes, les accusant de collaboration

avec le parti Hayat Zada du Kurdistan, respectivement à la prison centrale d'Oroumieh et la prison de Salmas.

Le même jour, sur ordre de Khamenei, 16 prisonniers politiques baloutches ont été exécutés ensemble à la prison de Zahedan et les médias officiels ont diffusé les photos des corps pendus à des grues.

Le 5 février 2014, le régime a pendu clandestinement 15 Baloutches à Tchahbahar.

Le 26 avril 2014, trois prisonniers politiques baloutches sunnites ont été pendus en public dans la ville de Zabol : Ali Deh Mardeh (20 ans), Iman Galoui (20 ans), Omid Piri (23 ans). Ils ont été condamnés à mort dans un simulacre de procès les accusant d'avoir tué le procureur criminel de Zabol, sans la moindre procédure judiciaire équitable.

Le 6 janvier 2015, le prisonnier politique kurde Saber Mokhled a été exécuté à la prison d'Oroumieh.

Le 19 février 2015, deux frères, prisonniers politiques Razgar (Habibollah) et Ali Afchar, âgés de 26 et 34 ans, ont été pendus à Oroumieh.

Le 4 mars, six prisonniers politiques kurdes sunnites, Hamed Ahmadi (33 ans) Jahanguir et Jamchid Dehghani (deux frères de 28 et 29 ans), Kamal Molaï (30 ans), Sedigh Mohammadi (28 ans), Hadi Hosseini (31 ans), ont été exécutés à la prison de Gohardacht alors qu'ils étaient en grève de la faim.

(12) Le 30 mars 2014, Molavi Abdallah Zehi, imam de la mosquée Chir-Abad de la ville de Zahedan, a été abattu de quatre balles dans la tête alors qu'il sortait de la mosquée. Le même jour, deux Baloutches de 34 et 40 ans portant le nom de Chahou Zehi ont été tués de rafales de balles par des hommes de main du régime.

Le 31 mars, Morad Kahra-Zehi, 45 ans, a été grièvement blessé par une rafale de huit balles à Zahedan. Le 1 avril, Khadad Narouï, 60 ans, habitant de Bozman près de la ville d'Iranchahr a été abattu par une rafale de balles tirée par des agents du régime

(13) A propos de la solution à la crise dans la région, dans son discours du 13 juin 2015 au grand rassemblement de Villepinte, Maryam Radjavi a déclaré : « Aujourd'hui les politiciens occidentaux et les observateurs du monde arabe affirment que Daech et Bachar Assad sont les deux faces d'une même pièce. Moi, j'ajoute que le principal califat à Téhéran est la source d'inspiration des deux. Le fait est que Daech est le produit des crimes de Bachar Assad et de Maliki commis sur les ordres de Khamenei. C'est pourquoi je dis aux gouvernements occidentaux : ne rejoignez pas le camp des mollahs ! En Irak, ne collaborez pas avec les pasdaran et les milices soi-disant chiites de ce régime qui sont cent fois plus dangereuses que Daech. La solution en Irak consiste à en chasser les forces du régime iranien, à faire participer les sunnites au pouvoir et à armer les tribus sunnites. La solution en Syrie consiste à en chasser les forces du régime iranien et à soutenir le peuple syrien à renverser la dictature d'Assad. La solution au Yémen consiste à s'opposer à l'ingérence de ce régime, ce à quoi s'est attelée la coalition arabe et ce qui doit se poursuivre pour le déraciner de toute la région. Oui, la solution c'est de chasser le régime iranien de tout le Moyen-Orient et de renverser le califat du terrorisme et de l'extrémisme islamiste en Iran. »

(14) Sourat Araf, verset 157

(15) Sourat Ensan, verset 3

(16) Sourate Chams, verset 8

(17) Sourate Jonas, verset 99

(18) Sourat Houd verset 28

(19) Nahjol-balagheh (les paroles de l'Imam Ali) lettre numéro 53

(20) Une référence aux résistantes iraniennes dans les camps d'Achraf et de Liberty, qui forment la direction du mouvement de résistance.

(21) Grand rassemblement d'opposants iraniens à Taverny (95), en

banlieue parisienne.

(22) Au cours des guerres Russo-persanes (1804-1813), un influent religieux, le mollah Ahmad Naraghi, a donné une fatwa pour appeler au djihad sur les fronts de guerre en soutien à la dynastie Qadjar. Cette initiative a consolidé la situation politique et religieuse du clergé et l'a encouragé à revendiquer une plus grande part du pouvoir. Ceci s'est illustré dans les efforts du mollah Naraghi et d'autres théologiens qui se sont mis à élaborer le principe du « pouvoir du Guide suprême religieux » dont Khomeiny s'est plus tard inspiré.

(23) L'ouvrage de Khomeiny intitulé « Le pouvoir islamique », 65 pages, publié en 1971.

(24) Dans un précédent ouvrage publié en 1944, « Kachf-al-asrar », Khomeiny n'avait fait aucune mention du principe du Guide suprême, sa seule revendication était le respect de l'islam par le pouvoir en place. Son revirement est intervenu plus tard.

(25) L'ouvrage « Sahifeh Nour », vol. 11 (recueil des discours de Khomeiny)

(26) Dans la révision de la Constitution du régime iranien en 1989, le mot « absolu » a été intégré : Dans l'article 57, le titre de « Guide suprême » est devenu « le pouvoir absolu du Guide suprême » (Velayat-motlagheh amr).

(27) Le quotidien Resalat, 15 août 1988

(28) Le quotidien Resalat, 20 août 1988

(29) Lettre de Khomeiny à Khamenei, le 7 janvier 1988.

(30) L'ouvrage « Sahifeh Nour », volume 15 : « Quand l'islam est en danger, vous avez la responsabilité d'espionner pour préserver l'islam. Quand le sang des musulmans est en jeu, il revient à tout musulman d'agir. Si, par exemple, la survie des musulmans vient à dépendre de ce que vous buviez du vin, vous devez le faire, s'il faut mentir, vous devez le faire. Si l'islam est en danger, nous devons tous mourir pour le préserver. Si certains complotent pour mettre à mort des innocents, c'est notre responsabilité à tous d'espionner.

Préserver l'islam est plus important que la vie des musulmans. C'est une ineptie de la part de certains qui affirment qu'espionner est une mauvaise chose. Or, pour préserver l'islam et la vie des musulmans, le mensonge devient une obligation, la consommation d'alcool aussi devient une obligation. »

(31) Sourate Al-Baqara, versets 204 et 205

(32) Sourate Sat, verset 72

(33) Sourate Qissas, verset 5

(34) On trouve à travers le Coran une multitude de mentions concernant l'égalité entre l'homme et la femme et leurs responsabilités communes et Dieu leur adresse la parole sur un même pied d'égalité et sans distinction aucune. Comme par exemple dans le sourate Ahzab : « Les Musulmans et Musulmanes, les croyants et croyantes, les obéissants et obéissantes, les loyaux et loyales, les endurants et endurantes, les craignants et craignantes, les donneurs et donneuses dʼaumônes, les jeûnants et jeûnantes, les gardiens de la chasteté et gardiennes, les invocateurs dʼAllah et invocatrices : Allah a préparé pour eux un pardon et une énorme récompense. »

(35) Sourate Al-Baqara, verset 136

(36) Sourate Zomreh, verset 17

(37) Cette charte a été signée après la migration du Prophète à Médine.

(38) « Le bilan de l'islam », 1969, d'Abdol-Hossein Zarinkoub.

(39) « la phylosophie du droit », Mesbah Yazdi, pages 75 à 85

(40) Massoud Radjavi, mai 1997, Achraf.

(41) Sourate Al Amran, verset 159

(42) Sourate Choura, versets 36 à 39

(43) المشاوره من السنه والاستبداد من شیمه الانسان

(44) L'ayatollah Naïni écrit dans son ouvrage (Tanbiat al-amah va tanbiat al-olama » : « Se soumettre aux despotes est un asservissement et une sorte d'adoration du mal. Il en va de même que de se soumettre aux dictats des chefs religieux.

Éradiquer les racines néfastes du despotisme politique dans un pays est beaucoup plus facile que de déraciner le despotisme religieux. Ce dernier cherche à préserver la dictature au nom de la religion. Il a toujours cherché à confondre sciemment la vérité et le mensonge. Il cherche à nier l'importance d'un système parlementaire et constitutionnel bâti sur les droits de la nation et la responsabilité des chefs devant leurs actes. Ils se moquent non seulement de la liberté perdue de la nation, mais cherchent à présenter le combat contre la dictature comme un égarement et une apostasie. Oui, les oulémas despotiques sont comme des bandits de grand chemin de la religion qui trompent les faibles».

Durant la révolution constitutionnelle de 1906 en Iran, les religieux intégristes se sont opposés aux principes de la Constitution en affirmant qu'il allait à l'encontre de l'islam. Notamment au sujet de l'égalité entre les femmes et les hommes, l'égalité entre les musulmans et les non-musulmans, le pouvoir de la majorité, le droit du peuple à légiférer, le changement des lois existantes, la nécessité de sanctionner par des pénalités financières, la nécessité de sanctionner les coupables selon la loi et non selon les décrets religieux, l'instauration d'un système parlementaire comme ultime autorité. En face des intégristes, l'ayatollah Naïni insistait sur l'égalité des droits entre le citoyen et le gouvernant, et le droit inaliénable de la souveraineté du peuple. Il écrit à ce propos : « Les religieux despotes sont des bandits de la religion qui égarent les masses musulmanes. Ce propos rapporté par la tradition musulmane leur convient bien : Les torts de ce groupe de religieux pour notre communauté sont bien plus grande que celui l'armée de Yazid contre Hossein » [Yazid (647-683) est le gouverneur qui a ordonné l'assassinat du petit-fils du Prophète, l'Imam Hossein le jour de l'Achoura].

(45) Les documents de Zahi-o-doleh, réunis par Jahanguir Ghaem-Maghami dans l'ouvrage « Révolution

constitutionnelle, documents historiques et faits »

(46) L'ayatollah Taleghani, Téhéran, sermon du vendredi 8 sept. 1979.

(47) Ijtihad signifie l'interprétation des versets allégoriques du Coran par les experts qualifiés. Ce principe requiert des experts musulmans et des sociologues pour mettre au point des méthodes et règles islamiques appropriées aux époques.

(48) Coran, La Vache, Verset 106

(49) Coran, Les Abeilles, verset 101

(50) Imam Ali, Nahj-ol Balagha (La voie de l'éloquence), Sermon 1

(51) Coran, Sourate 88, Al-Ghashiya (l'enveloppante), versets 21 et 22

(52) Tabari, L'histoire de Tabari, volume 3, publié à Beyrouth

(53) Imam Ali, Nahj-ol Balagha (La voie de l'éloquence), lettre numéro 53

(54) Coran, sourate « L'Eprouvée », versets 8 et 9 : « Dieu ne vous défend pas d'être bienfaisants et équitables envers ceux qui ne vous ont pas combattus pour la religion et ne vous ont pas chassés de vos demeures. Car Dieu aime les équitables. Dieu vous défend seulement de prendre pour alliés ceux qui vous ont combattus pour la religion, chassés de vos demeures et ont aidé à votre expulsion. Et ceux qui les prennent pour alliés sont les injustes. »

(55) Constitution de la République islamique d'Iran, Article 11

(56) Ibn Saad, al-Tabaghat al-Kobra, Volume 7

(57) Egalement dans la sourate « Les Femmes », verset 94 : « Ô les croyants ! Lorsque vous sortez pour lutter dans la voie de Dieu, voyez bien clair (ne vous hâtez pas) et ne dites pas à quiconque vous adresse le salut (de l'islam) « Tu n'es pas croyant », en convoitant les biens de la vie d'ici-bas. Or, c'est auprès de Dieu qu'il y a beaucoup des gains abondants. C'est ainsi que vous étiez auparavant ; puis Dieu vous a accordé Sa grâce. Voyez donc bien clair. Dieu est certes parfaitement Connaisseur de ce que vous faites. »

(58) Rouhollah Khomeiny, Etat Islamique, 1971

(59) Quotidien d'Etat Ressalat, 20 août 1988

(60) Coran, sourate « La Vache », versets 204 et 205

(61) Coran, sourate de « L'araignée », verset 69 : « Et quant à ceux qui luttent pour Notre cause, Nous les guiderons certes sur Nos sentiers. Dieu est en vérité avec les bienfaisants. »

(62) Le Monde, 29 mars 1980

(63) Ibn Hisham, As-Sirah, Volume 1, Page 334.

www.ingramcontent.com/pod-product-compliance
Lightning Source LLC
Chambersburg PA
CBHW051248020426
42333CB00025B/3116